DE

LA LIBERTÉ,

PAR A. CREUZÉ DE LESSER,
EX-PRÉFET DE L'HÉRAULT ET DE LA CHARENTE.

Quousque?
Jusqu'à quand?...

---oOo---

PARIS.
CHEZ L.-G. MICHAUD, LIBRAIRE,
RUE RICHELIEU, N° 67.

1832.

DE LA LIBERTÉ.

ÉVERAT, Imprimeur, rue du Cadran, n° 16.

DE LA LIBERTÉ,

PAR A. CREUZÉ DE LESSER,

EX-PRÉFET DE L'HÉRAULT, ET DE LA CHARENTE.

> Quousque?....
> Jusqu'à quand?....

PARIS.
CHEZ L.-G. MICHAUD, LIBRAIRE,
RUE DE RICHELIEU, N° 67.

—

1832.

PRÉFACE.

Paris, 1832.

Ce fut en 1829, quand je voyais s'amasser les orages qui éclatèrent bientôt après, que mes loisirs, devenus fort sérieux, furent employés à écrire cet ouvrage, fragment d'un travail plus étendu sur *la société politique;* mais j'en traite ici la question la plus importante, et elle est tellement à l'ordre du jour, on imprime, on lit, on déclame tant et de si extraordinaires choses, qu'on trouvera tout simple, sans doute, qu'un homme à qui un assez long exercice des affaires publiques a donné le droit d'avoir un avis, use aussi de celui de l'exprimer, et tâche d'éclaircir enfin la question politique la plus essentielle qui puisse occuper aujourd'hui les hommes.

En effet, la liberté est aujourd'hui le mot (dirai-je le mot d'ordre?) de ce monde. Il est impossible de ne pas s'apercevoir de cette agitation qui fermente au fond de la société, là même où elle ne bouillonne pas à sa surface. Comme, pendant plusieurs siècles, les croisades furent la pensée et la passion de toutes les têtes, la liberté et les gouvernemens représentatifs, que bien des personnes en croient inséparables, occupent et occuperont peut-être aussi pour plus d'un siècle une foule d'esprits et d'imaginations. Je voudrais bien savoir si, dans trois ou quatre cents ans, nos neveux seront plus respectueux pour nos idées de liberté représentative que nous le sommes nous-mêmes pour les idées de croisades de nos pères. En attendant, j'ai cru devoir profiter de ma part de liberté pour présenter sur un sujet si important des réflexions que je crois vraies et utiles. J'ose penser que ces semences lèveront tôt ou tard, et il est bon peut-être qu'une voix franche s'élève pour examiner enfin ce que l'on a si long-temps adopté de confiance.

A une époque où l'édifice social est attaqué et miné de toutes parts, il me semble que tout honnête homme doit apporter son tribut à la société ébranlée : voici le mien.

Les livres de politique sont en général si emphatiques et si obscurs qu'il est souvent plus facile de les admirer que de les lire. Celui-ci sera précisément le contraire. Je n'ai aucun droit à me faire suivre dans les nuages. Pour que l'on m'entende toujours, j'ai adopté la méthode de Fontenelle, j'ai commencé par m'entendre moi-même. Cet ouvrage est, je crois, très-clair. Si j'ai tort, on le verra très-clairement aussi.

Sans doute, mon style s'élève souvent avec mon sujet. Mais j'ai habituellement préféré ce style simple et naturel, qui ressemble tant à la raison et à la vérité. J'ai même accepté quelquefois l'expression familière, quand elle m'a paru la plus vraie, ou la plus vivante. Je demande pardon, s'il y a lieu, pour ce mélange de tons différens, qui, s'il n'est pas trop heurté, peut, par sa variété, rendre plus facile et même plus agréable la lecture d'un ouvrage si sérieux.

Un livre sur la liberté par un ancien préfet, cela pourra paraître singulier. « Aussi, ne manquera-t-on pas de dire, c'est un livre contre la liberté. » C'est ce dont je ne conviens pas. Je sais toutes les folies qu'on a débitées jusqu'en 1830 contre les préfets d'alors, dont je m'honore d'avoir fait partie; mais, quoique j'en aie fait partie, je ne puis m'empêcher de dire que les préfets de la restauration étaient des hommes aussi estimables qu'aucun magistrat puisse l'être, et que, pour ne parler ici que du sujet de ce livre, ils comptaient parmi eux une foule d'amis sincères de la vraie liberté, dont je m'honore aussi d'avoir été, et d'être. Et il ne faut pas croire que ces sentimens nous fussent particuliers. Il m'est doux de pouvoir dire et attester que pendant mes quinze ans d'administration, aucun de ces ministres si souvent accusés de tyrannie pendant *la comédie de quinze ans*, ne m'a jamais adressé un ordre qui ne fût empreint d'un respect très-profond, et quelquefois excessif, pour cette liberté.

Le règne de Charles X appartient à l'histoire. La part de confiance dont je fus honoré par ce prince, qui, comme l'avouent aujourd'hui ses ennemis de 1830, procura à la France *une prospérité sans exemple*, me fait une loi de déclarer que je ne connais aucune époque de notre histoire où les citoyens aient été plus libres, et où le gouvernement ait, en effet, mis plus d'intérêt à leur bien-être. Lorsque tant d'hommes se sont plu à insulter le malheur, c'est pour moi un devoir que ce témoignage de vérité, de respect et de reconnaissance.

C'est précisément parce que j'ai eu à m'occuper d'administration, et sous un gouvernement dont la mansuétude tolérait alors la plupart des attaques qui l'ont détruit, que, frappé du contraste de tant de douceur constamment taxée de tant de tyrannie, je me suis demandé ce que c'est donc que la liberté, si par hasard on n'en jouissait pas, et si, comme l'a dit quelque part Montesquieu, l'on ne voulait pas construire le port de Calcédoine en face de celui de Bysance.

Il faut remarquer aussi que, par leurs fonctions en relation avec tous les ministres et toutes les affaires, les préfets sont nécessairement les hommes les plus positifs de France; que, même avec une perspicacité médiocre, ils ont pu et dû être frappés de beaucoup de points de vue qui ont échappé à des hommes plus importans ou plus habiles qu'eux; et que leurs avis politiques, fussent-ils erronés, méritent d'être entendus et pesés, comme incontestable résultat de beaucoup de réflexions et d'expérience.

A la vérité l'on pourra penser que c'est par esprit de corps que j'insistais dans cet ouvrage sur la nécessité d'une autorité suffisante, même dans l'intérêt de la liberté; mais ce qui prouve que ce n'était pas ma position qui me faisait parler, c'est que, depuis que je suis devenu étranger aux fonctions publiques, mon opinion, loin de s'affaiblir, s'est renforcée et est devenue beaucoup plus franche, grâces à mon évidente impartialité. Au reste, si je veux de la force, ce n'est pas pour qu'on en abuse. Sans doute il y a des momens où il faut user de cette force; mais dans les deux départemens qui furent confiés à mon administration, des hommes, très-opposés à mes sentimens politiques, savent si j'ai fait du mal quand je le pouvais, et, selon quelques personnes, quand je le devais.

En vantant, en défendant la vraie liberté, en cherchant à la dégager des nuages sous lesquels on l'a voilée et souvent étouffée, il fallait, ne fût-ce que pour l'exemple, écrire avec une complète indépendance : c'est ce que j'ai fait, par ce motif, et aussi parce que, toute ma vie, il m'a été impossible de faire autrement. A cette époque, où les opinions divergent jusque dans le même parti, il est à peu près impossible que, sur tant de questions politiques nées de mon sujet, il y ait un seul de mes lecteurs qui soit toujours de mon avis, et que sur une ou plusieurs de ces questions, je ne me trouve pas en dissentiment, même avec les hommes que j'aime ou estime le plus. Je ne m'en étonnerai pas, et j'espère qu'ils ne s'en étonneront pas davantage. Je n'ai jamais pris l'engagement d'être en tout point de l'avis de mes amis, comme je ne leur ai jamais demandé d'être en tout du mien. On voit que j'étais appelé à écrire sur la liberté. La seule chose que puissent exiger de moi tous les honnêtes gens, et sur laquelle je serai toujours d'accord avec eux, c'est ce qu'on trouvera dans ce livre, un attachement sincère pour l'ordre public, et un vif désir d'y contribuer.

Ce ne serait pas assez sans doute; mais on voit bien, et l'on verra mieux encore, que ce n'est pas ici un livre de théorie. En général, en fait de politique et d'administration, les hommes qui savent, écrivent peu, et les hommes qui écrivent, ne savent pas toujours. J'ai du moins l'avantage d'avoir, dans ma vie, réuni les deux occupations. On s'apercevra sans peine que j'ai marché sur le terrain dont je parle. Je ne suis pas seul avec mes raisonnemens ; je les appuie sur des faits, sur une foule de faits; car, dans un espace borné, je crois avoir renfermé un tableau rapide, animé, et quelquefois curieux, des plus célèbres républiques anciennes et modernes, y compris la nôtre.

Incedo per ignes. Je sens combien mon sujet est délicat, et quels anathèmes il est susceptible de m'attirer. Je pourrai faire crier ; car j'ai mis le doigt sur la plaie. J'ai attaqué le vrai mal de notre société actuelle. Toutefois, quoique cet examen de la liberté politique *palpite*, comme on dit, *de l'intérêt du moment*, on verra bien que ce n'est pas un ouvrage de circonstance, et que le principe qui en fait la base est applicable à tous les temps et à tous les pays, comme il a été appliqué par moi-même à toutes les histoires, qui se sont chargées de sa démonstration. C'est si peu un ouvrage de circonstance, qu'en relisant ce travail après trois ans, je n'y ai presque rien trouvé à changer ni à ajouter. Seulement, par les grands événemens qui se sont précipités depuis, c'est déjà un monument assez curieux d'un autre temps. On y verra des réflexions qui peuvent ressembler à des prophéties; mais malheureusement elles étaient faciles.

On s'apercevra sans peine que mon opinion, très-prononcée sur les choses, a été, autant que possible, modérée sur les personnes. Sans doute, en faisant ce que je fais très-souvent ici, de l'histoire, j'ai dû souvent répéter ses arrêts; mais on verra bien que les anathèmes contemporains ont été évités par moi avec autant de soin que d'autres à ma place en auraient mis peut être à les chercher. Rien ne m'eût été plus aisé que de faire du scandale, ce qui eût été en même temps faire du succès; mais j'ai bien facilement résisté à cette tentation, et en cela je suis un peu comme ce prêtre d'Apollon, qui disait : Je ne sais pas maudire.

Mais je sais blâmer; et si quelques censeurs me trouvaient trop sévère envers ce que, sans réflexion, ils appellent la liberté, je serais obligé de leur rappeler ces paroles de l'échafaud, ce lugubre codicile de madame Roland : *O liberté! que de crimes on commet en ton nom!*

DE LA LIBERTÉ.

CHAPITRE PREMIER.

DE LA LIBERTÉ.

J'entrai dans le monde en 1788. Déjà l'on ne parlait que de la liberté. En l'an de grâce 1829 où j'écris, on en parle prodigieusement. Dans cet intervalle de plus de 40 ans on sait quels événemens se sont passés, et combien de libertés nous avons acquises et perdues. Moi-même successivement repoussé, accueilli, administré, administrateur, j'ai tout vu, et pu tout méditer. Au déclin de ma vie, à cet âge nécessairement impartial, où l'on devient d'autant plus l'homme de la vérité qu'on est moins celui de la crainte ou de l'espérance, il me prend envie d'examiner une fois enfin ce que c'est que la liberté, et ce que c'est que celle qu'on poursuit depuis si long-temps et que l'on a atteinte quelquefois. Il est singulier que cette question soit neuve, et il n'est pourtant que trop réel qu'elle l'est, et que personne, à ma connaissance, en invoquant la liberté, en mourant même pour elle, n'a pris la peine de se rendre compte de ce qu'il entendait par là. La liberté est une si belle chose, que son nom seul a suffi dans tous les temps pour remuer les peuples et les empires. Cependant il serait temps de s'entendre, et si c'était par moi que l'on s'entendît, ce fruit de mes loisirs serait encore de l'administration, et je croirais les avoir bien employés en laissant à mes semblables un travail utile pour eux et honorable pour moi.

Voilà le sujet que je veux traiter en aussi peu de paroles qu'il me sera possible. Ce n'est pas tout que de montrer la vérité; il ne faut pas la noyer. D'autres invoquent l'éloquence, le génie : moi, je n'invoque que la raison, et si elle est pour moi, elle doit ici me suffire.

Malgré toutes les hymnes et invocations à la liberté qui retentissent autour de moi depuis tant d'années, je suis bien sûr que, parmi les hommes qui les ont faites ou chantées, il n'y en a pas un seul qui aime la liberté plus que moi. Car je suis très-indépendant de ma nature, et je me suis toute ma vie senti un éloignement profond, je ne dirai pas pour le métier d'esclave, mais même pour celui de courtisan; et du reste, il n'y a pas de quoi se vanter d'aimer la liberté : cela est naturel comme de respirer. La liberté étant le pouvoir de faire ce que l'on veut, tout le monde aime la liberté, au moins pour soi. Je conviens qu'il y a un peu plus de mérite à l'aimer pour les autres; mais ce mérite-là, grâce à Dieu, je l'ai toujours eu aussi, bien entendu pour moi et pour les autres dans les limites du possible. Je ne suis donc point un de ces vils suppôts du despotisme dénués du sens de la liberté, déshérités de cette noble flamme qui élève l'homme, qui, etc., etc., etc. J'atteste que j'ai toujours prodigieusement aimé à faire à ma volonté, et que lorsque je ne l'ai pas faite, c'est que la raison ou la force m'en ont empêché. Je puis défier à cet égard le plus fier républicain.

Maintenant que me voilà bien lavé de l'accusation et du sobriquet d'esclave, qu'est-ce que la liberté? On l'a du moins très-bien définie, *le droit de faire ce qu'on veut et ce qui ne nuit pas aux autres.* Là est toute la société. Ce n'est pas moi qui chercherai à prouver que si tout le monde était libre de donner des coups de sabre, ceux qui seraient libres de les recevoir prendraient vraisemblablement la liberté de les rendre, et que toute réunion d'hommes, sous peine de périr, a dû s'imposer et reconnaître quelques sacrifices dans sa liberté. Dans les sociétés les plus farouches, on retrouve quelques traces de ce *contrat social*, le premier qui ait été fait et qui survivra à toutes les chartes. Cette concession d'une partie de la liberté pour conserver l'autre n'est pas à faire ; elle est faite partout. Mais pour trouver une contrée où elle n'existe pas, il faut vivre dans un ermitage et aboutir... au désert. Les hommes les plus près de cet heureux état de liberté absolue sont ces peuplades sauvages qui, selon quelques sages, sont le commencement de la société, et qui, selon moi, en sont évidemment la fin. Encore dans ces peuplades même, si farouches qu'elles soient, trouve-t-on toujours quelque règle conservatrice, ne fût-ce que pour le partage des dépouilles et la distribution des proies.

Voilà donc la liberté bien reconnue ; le droit de faire tout ce qu'on veut dans ce qui ne nuit pas aux autres. On voit que c'est un bien infiniment précieux ; et pourtant ce n'est pas le premier des biens.

On s'indigne ; on se récrie ; on va déclamer. Quand on aura tout dit, je représenterai que le premier bien de la vie, c'est la vie ; que si quelques âmes élevées, un Caton, un Brutus, regardent la liberté comme le premier des biens, et ne croient pas pouvoir vivre sans lui, ce dévouement si honorable, même quand ils se tromperaient sur la vraie liberté, n'est pas partagé, au moins de sang-froid, par la presque universalité des hommes. En effet, on voit partout à quels états, à quelles humiliations, à quelles servitudes ils se résignent pour vivre, souvent pour vivre très-mal. La misère avilit tout ce qu'elle touche.

Un des hommes les plus indépendans, non par sa fortune, mais par son caractère, La Fontaine, a écrit ce vers :

Le vivre et le couvert, que faut-il davantage!

Et il a oublié la liberté qu'il aimait tant et si justement. C'est que ce n'est pas là le premier désir de l'homme, et que tous ces héros qui vantent avant tout la liberté, sont censés avoir *le vivre et le couvert* plus pressés encore. Et que dirai-je de la subsistance de nos enfans pour qui tant de pères se vendraient dix fois!

Mon but en tout ceci n'est pas assurément de déprécier la liberté, mais de dire ce qui est, ce qu'il est impossible de contester. Quand j'aurai dit sur la liberté tout ce que j'ai à en dire, on jugera encore mieux si je suis de ceux qui l'aiment véritablement ou de ceux qui font semblant de l'aimer.

Ce qui explique un peu l'erreur où les meilleurs esprits sont tombés sur la liberté, et pourquoi l'on ne s'est jamais bien entendu sur ce mot, c'est qu'on n'a pas pris garde qu'il y a deux espèces de libertés : la liberté civile et la liberté politique. La première, la liberté civile, qui a beaucoup de ressemblance avec la liberté individuelle, c'est le droit, pour l'individu, d'aller, de venir, de partir, de rester, d'être le maître dans ses biens, dans ses goûts, dans sa famille, enfin de jouir, dans la vie privée, de la plénitude de son indépendance. Cette liberté-là, la plus précieuse de toutes, est rarement contestée dans les gouvernemens les plus despotiques. Il n'appartenait qu'au despotisme d'une république d'établir, sous le nom de *censeurs*, des magistrats chargés de violer le seuil domestique, de scruter les mœurs privées, les familles, les fortunes, les consciences même. Cette intolérable institution de l'ancienne Rome n'a nulle part été imitée, si ce n'est par l'inquisition, justement proscrite par tout ce qui réfléchit. L'autorité judiciaire réprime les délits; le gouvernement réprime non moins justement, et prévient autant qu'il peut tout ce qui tendrait à le renverser; mais d'ailleurs, même en Turquie, un homme qui ne brave et n'insulte rien, et ne tourmente pas son gouvernement, jouit, en général, d'une liberté civile assez étendue; et là où on la méconnaît, le mécontentement, la haine, la révolte même, font souvent justice. Malédiction sur le gouvernement, quel qu'il soit, qui attaque au-delà de ce qui est indispensable le trésor de cette liberté civile qui est le véritable droit de l'homme.

Je viens à la *liberté politique*. Ce n'est plus la liberté d'un homme, d'une famille; c'est la liberté d'un peuple, d'un pays; ce sont ses rapports avec le gouvernement et aussi avec l'étranger. On voit que c'est tout autre chose que la *liberté civile*, et tellement que, chez plus d'un peuple et dans plus d'une occasion, la liberté politique opprime la liberté civile. C'est ce qui arrive quand, au lieu de ne prendre à un peuple que ce qui est indispensable en argent et en hommes pour l'administrer et le défendre, on étend outre mesure les sacrifices, les gênes, les pertes qu'on exige de lui. Il faut donc bien prendre garde de confondre ces deux libertés; la première doit avoir le moins de limites qu'il est possible; la seconde en exige beaucoup d'indispensables, pour ne pas devenir une intolérable tyrannie.

Sans valoir la liberté civile, la liberté politique vaut beaucoup, quoiqu'elle coûte quelquefois plus qu'elle ne vaut. Sans doute elle ennoblit le peuple qui la possède, et le rend plus capable de grandes choses. Il faut pourtant remarquer que, dans le peuple qui la possède le plus, quand ce n'est pas un fort petit peuple, il n'y a comparativement qu'un très-faible nombre d'hommes qui s'occupent de cette liberté-là, et même qui s'en soucient. Par un hasard très-singulier, et qui se rencontre presque partout, il se trouve que les hommes qui s'en occupent le plus sont ceux qui y gagnent ou qui espèrent y gagner, des hommes qui lui doivent ou en attendent des places, des orateurs qui lui demandent de la renommée ou de la puissance, des négocians qui en attendent un tarif avantageux à leur propre fortune, etc., etc. Au fond tout ce qui importe le plus aux trois quarts et demi des hommes d'une nation, dans la liberté politique, tient à la liberté civile, qui est la grande, la vraie, l'inappréciable liberté; par exemple, de ne pas être écrasé d'impôts ou fatigués de dépenses ou de services inutiles ou vexatoires, et encore d'obtenir quelque avantage intérieur ou extérieur, d'où il résulte pour eux plus d'aisance. C'est un impôt sur le thé qui a changé la face de l'Amérique, et, par suite, celle du monde. Presque toute la politique d'un peuple se réduit au *pot-au-feu;* et voilà pourquoi notre Henri IV unissait tant de sagesse à tant de bonté, quand il formait le plan de *la poule au pot.* Heureux le prince qui l'exécutera !

Qu'on soit de bonne foi : excepté dans les momens de révolution et de trouble, où tout un peuple, qui ne sait ce qu'il entend ni bientôt ce qu'il fait, chante, et encore dans l'espérance de son intérêt privé, *Ça ira* et *Tragalla perro*, combien, parmi le peuple le plus occupé des affaires publiques, y a-t-il d'hommes qui s'en occupent? Les agriculteurs, qui partout à eux seuls forment plus de la moitié de la nation, ne s'occupent guère que de leurs fromens, de leurs troupeaux, de leurs vignes, de leurs oliviers. Les révolutions des saisons sont à peu près les seules qui les intéressent ; ils ne diraient pas toujours bien quel est le prince qui les gouverne. Cette énergique population des Vendéens est rare; encore furent-ils poussés par leurs anciens seigneurs et surtout par leurs curés, qu'on eut la maladresse de persécuter; mais ailleurs, et à peu près partout, les laboureurs, pour peu qu'on les laisse labourer en paix, sont soumis, et trop soumis quelquefois, au gouvernement de fait. Les perturbations politiques peuvent passer devant eux sans qu'ils leur disent rien, surtout si elles ne leur disent rien à eux-mêmes. Cette indifférence est commune à une foule d'artisans, qui ne s'occupent guère que de ce qu'ils font et de ce qu'ils vendent, et d'une foule plus grande encore d'ouvriers qui trouvent excellent tout gouvernement sous lequel le travail ne manque pas dans la manufacture qui les emploie. Joignez à cela, même dans les villes, les gens tranquilles, soumis ou timides, autre nation encore très-nombreuse, et vous vous convaincrez qu'en temps ordinaires il n'y a jamais le dixième d'un peuple qui s'occupe de sa liberté politique, et du moins qui pour l'augmenter veuille risquer des biens plus précieux encore.

Sans doute, quand les excès ou la faiblesse d'un gouvernement ont changé l'ordre naturel des choses, quand l'esprit des révolutions s'agite, quand les villes ont incendié les campagnes, la position devient différente : les factieux trouvent des alliés tout faits parmi les petits qui, dès qu'ils ne sont plus contenus, montrent leur envie naturelle contre les grands et contre les heureux. On voit poindre alors une foule d'ignobles Catons, de grotesques Brutus, qui deviennent les ennemis personnels du gouvernement, ne s'aperçoivent pas, niais qu'ils sont, de qui ils font les affaires, s'occupent pourtant, en pillant quand ils peuvent, à faire les leurs, et transportent la tribune au cabaret, en attendant qu'ils transportent le cabaret à la tribune; mais je ne parle pas ici de la société qui croule; je parle de celle qui existe, et qui est maintenue par de sages lois et une autorité sage aussi, et ferme parce qu'elle est sage. Dans celle-là il n'y a guère que les ambitieux et les oisifs qui s'occupent beaucoup de la liberté politique.

Bien entendu que tout peuple à qui une longue expérience a prouvé que son gouvernement est bon et lui garantit sa prospérité ou sa fortune individuelle, s'y attache et tient beaucoup à sa liberté politique, quand il l'a. Je dis quand il l'a; car c'est tellement à son bonheur, c'est-à-dire à sa liberté civile, que tout peuple tient avant tout, que l'Angleterre n'est pas plus attachée à son gouvernement qui lui donne la liberté politique, que l'Autriche au sien qui la lui refuse.

Pour ne laisser aucun nuage sur la question que je traite, il faut aussi remarquer que la liberté politique, lorsque par là l'on entend la liberté d'un peuple envers un autre peuple ou un prince étranger, est à peu près aussi précieuse que la liberté civile, et en fait en quelque sorte partie. Tout peuple qui n'est pas décidément un nain à côté d'un géant s'indigne d'un tel esclavage, et peut raisonnablement tout risquer pour y résister(1). Il n'est point rare qu'un peuple tout entier s'anime d'une noble fureur pour répudier un tel opprobre, et quand il succombe dans une si juste cause, il y a des lauriers même pour sa disgrâce. Mais ce n'est point contre le juste amour d'une telle liberté que j'ai voulu élever la moindre critique : la liberté politique dont j'ai voulu particulièrement parler ici est *la liberté et les droits des individus envers leur propre gouvernement*.

Si tous les hommes étaient nés pour gouverner les hommes, si tous les hommes pouvaient gouverner tous les hommes, rien ne serait assurément plus précieux que la liberté politique ; mais puisqu'il n'en est pas ainsi, il reste que c'est un bien, précieux encore, mais dont on peut pourtant, sans blasphémer, mesurer l'importance et le résultat. Je viens de dire combien, au fond, peu de gens dans un pays s'intéressent beaucoup à cette liberté politique, quand la liberté civile est respectée. Il est plus important

---

(1) J'atteste que je n'ai pas changé un mot à tout ce paragraphe écrit en 1829.

encore d'examiner combien de gens en profitent et comment ils en profitent. Puisque l'homme est fait pour être gouverné, et ne peut même sans cela exister en société, la question est de savoir qui le gouvernera. Voilà pour quel résultat tout un peuple s'agite, cherche à renverser l'ordre établi, et y réussit quelquefois. Il a beau faire, quand il a passé par l'anarchie et tous ses désordres, s'il a eu le bonheur de ne pas y périr, il finit toujours par être gouverné, et presque toujours plus durement.

S'ensuit-il de là que lorsqu'il est décidément échu à un peuple un Néron, un Caligula, un de ces princes-monstres qui font horreur au genre humain, il faille absolument que ce peuple subisse humblement son sort, et se fasse mouton devant le tigre? Non, sans doute; mais ce qui est à remarquer, surtout dans notre Europe moderne, c'est que ce sont précisément les princes les plus doux, les plus faibles du moins, qui ont été ébranlés, attaqués, renversés. Ce sont presque toujours de véritables tyrans qui s'emparent du pouvoir, et persécutent, en criant : À bas le tyran! contre l'agneau qu'on a surnommé tigre. Ces nouveaux maîtres gagnent sans doute à ce changement, mais souvent il n'y a qu'eux, et quand, pour soustraire le peuple à une oppression qui n'existait pas, ils l'ont muselé, ou plutôt amené à se museler lui-même, c'est avec un sourire sardonique, et quelquefois impérial, qu'ils jouissent de la sottise de ce peuple et de l'échange qu'il a fait d'une autorité très-supportable et très-douce contre leur autorité altière, dure, et désormais inattaquable.

Les masses sont sujettes à se tromper, le total de beaucoup de gens d'esprit est souvent un sot. Voilà pourquoi le peuple le plus spirituel ne sait presque jamais distinguer la part de liberté qu'il faut sacrifier pour assurer l'autre, et regarde si facilement comme mesures et restrictions oppressives les réserves et les précautions les plus indispensables pour maintenir l'ordre public, indispensable lui-même à la tranquillité, qui est le premier bien de ce monde.

Il est donc plus que temps de se rendre une fois un compte exact, et d'évaluer à son véritable résultat cette liberté politique justement vantée quand elle ne l'est pas trop, mais qui, là où elle est mal comprise, a causé et cause tant de désordres et crée tous les jours tant d'infortunés, et, ce qui est remarquable, tant d'esclaves. Comme on n'est pas obligé de me croire sur des assertions si tranchantes, je dois présenter, à cet égard, des faits plus forts que des raisonnemens, et je vais offrir successivement un tableau rapide de l'histoire de la liberté politique des peuples connus pour en avoir eu ou prétendu davantage, comme Sparte, Athènes, Rome, etc., etc.

Aux noms de Sparte, d'Athènes et de Rome, les vieux et surtout les jeunes amis de la liberté s'inclinent; toutes les statues de liberté qu'il y a dans le monde s'agitent sur leurs bases; et comme les monumens grecs et romains sont les modèles éternels du beau, ces républiques sont reconnues et offertes à l'éternelle admiration des hommes.

Je ne dis pas le contraire. Toutefois faisons ce qu'on a rarement fait ; examinons.

D'abord, et cela serait plutôt contre ma cause que pour elle, n'y aurait-il pas eu beaucoup de républiques, au fond, plus heureuses que ces républiques célèbres qui remplissent la plus grande partie de l'histoire ancienne? Leur renommée ne viendrait-elle pas de leurs succès, et ne puiserait-on pas sans s'en apercevoir dans leurs conquêtes, ou leur illustration, l'admiration qu'on accorde à leur gouvernement? Je le crois, et sans doute les ténèbres de l'antiquité nous dérobent des républiques que l'on pourrait comparer à ces familles heureuses, d'autant plus ignorées qu'elles sont plus heureuses. Les rivières les plus fécondes, les fleuves même les plus bienfaisans, traversent en silence les contrées qu'ils fertilisent et embellissent, tandis que le torrent qui ravage fait retentir au loin le tumulte de sa course, et excite l'attention de la crainte, et l'admiration de la terreur. Il en est des républiques comme des femmes : celles dont on parle le moins sont les plus sages. Je crois cependant que ces heureux états ont été rares dans l'antiquité; et la preuve c'est que, dans tous les fragmens qui nous restent d'histoires des petites républiques anciennes, il y a toujours des dissentions obstinées, et souvent des fureurs féroces. Il semble que c'est un peu là la nature des républiques, tant qu'elles sont de vraies républiques. Quoi qu'il en soit, comme on n'a jamais vanté beaucoup que la liberté de Sparte, d'Athènes et de Rome, comme c'est au nom de ces libertés-là qu'on en a cherché et qu'on en cherche tant d'autres, même sous les monarchies, on ne peut examiner et apprécier avec trop d'attention le véritable sort de ces peuples célèbres qui influent encore tant sur le nôtre.

Avant tout, cependant, il importe de bien remarquer que tous ces peuples, ivres et modèles de liberté, admettaient sans difficulté l'esclavage, l'esclavage, le plus odieux outrage à la liberté civile, dont la liberté personnelle de l'homme est le premier chapitre. Cette liberté aurait été aussi le premier chapitre du présent livre, si je n'avais pas ailleurs traité le même sujet, si de plus ce n'était pas une cause jugée dans tous les esprits justes. L'esclavage personnel est d'ailleurs à peu près exclus de notre Europe et en disparaîtra tout-à-fait. Là même où il existe encore il s'est fort adouci. Mais les anciens, et particulièrement les anciennes républiques, ces terres classiques de la liberté, admettaient l'esclavage, et même l'esclavage le plus cruel, puisqu'il allait jusqu'au droit de vie et de mort pour les causes même les plus légères. L'histoire grecque offre de nombreuses preuves de cette législation ultra-barbare, et quant aux Romains, à l'époque de leur plus grande civilisation, il y a un trait reconnu, avéré, qui prouve à lui seul, et mieux que tout ce que je pourrais dire, jusqu'où allait le droit des maîtres sur leurs esclaves, et jusqu'où allait l'exercice de ce droit. Pollion reçoit chez lui Auguste, déjà empereur; un esclave maladroit casse quelques vases; Pollion furieux le fait jeter aux lamproies qui dévorent cet infortuné. Que fait Auguste le proscripteur, Auguste déjà maître du monde? Auguste ne s'oppose point à cette souveraineté domestique d'un particulier romain, il se borne à marquer son indignation par son départ. Cette anecdote authentique est grosse de résultats et de réflexions. Elle prouve merveilleusement combien les Romains, même après avoir perdu leur liberté politique, avaient conservé de liberté civile; elle prouve encore mieux combien étaient indignes de toute espèce de liberté ces hommes qui abusaient à ce point du droit d'esclavage sur d'autres hommes, et quels vils esclaves ils méritaient eux-mêmes de devenir, comme ils le devinrent bientôt en effet. Je suis fort loin de penser que tous les Romains fussent des maîtres aussi féroces ; mais les cavernes où ils enfermaient leurs esclaves quand ils en avaient beaucoup, et la guerre des esclaves, et tant d'autres détails consignés par leurs historiens *qui trouvent ces détails tout simples,* constatent que les Romains traitaient encore plus mal les hommes que les peuples. Et les combats de gladiateurs qui leur étaient si chers achèvent de donner le dernier trait à ces maîtres du monde ancien. Les Grecs n'étaient pas plus humains, et il est prouvé que, chez les uns et chez les autres, la plus grande partie des habitans, nommée vulgairement *esclaves*, était indignement opprimée, frappée, égorgée quelquefois par la plus petite qui se nommait les *citoyens*, et qui, prétendant être à elle seule toute la nation, ne cessait d'exiger, de rechercher pour elle cette liberté qu'elle violait outrageusement dans ses semblables. De telles démocraties étaient au fond de réelles et d'odieuses aristocraties. Il est permis sans doute de mettre un peu moins d'intérêt à la liberté d'un tel peuple. Et comme il ne faut pas toujours voir le côté hideux des objets, il y a quelque chose de plaisant à observer quel amour prodigieux pour leur liberté politique, et quel désespoir de l'avoir perdue, montraient des hommes qui ne trouvaient rien de si simple et de si juste que d'opprimer la liberté personnelle, la première liberté qui soit chez les hommes. Et encore la plupart de ces autres hommes devenus ou maintenus esclaves étaient par euxmêmes ou par leurs parens des victimes de la guerre, dont on punissait indignement le courage. Plus d'une fois sans doute un fils de roi, un héros, périt déchiré sous les lanières de ces hommes libres, ou plutôt périt du seul désespoir de son héroïsme puni et de sa destinée méconnue. Les nations constituées ainsi étaient évidemment un peuple de vainqueurs qui opprimait odieusement un peuple de vaincus ; et quand ces vainqueurs à leur tour étaient opprimés, et bien moins opprimés, par quelque tyran, il y avait beaucoup de choses à leur dire, et il y en a beaucoup à penser. Il faut oublier tout cela pour admirer les héros de la liberté antique, et il faut songer aussi qu'ils l'oubliaient euxmêmes, cela étant passé et admis dans les mœurs sociales ou insociales de ces temps-là ; ce qui prouve que les mœurs les plus imparfaites du nôtre sont beaucoup meilleures.

Cette observation faite et livrée à mes lecteurs, je viens à ma revue des *peuples libres*, et je commence par Sparte.

CHAPITRE II.

SPARTE.

J'imagine que personne ne contestera à Sparte, autrement Lacédémone, le titre de république. Il est vrai qu'il y avait un roi ; mais il y en avait deux, et, comme cela est impossible et dura pourtant plusieurs siècles, on peut en conclure qu'en effet il n'y avait pas de rois à Sparte. Les rois, à Sparte, n'étaient que des espèces de généraux héréditaires et qui ne régnaient que dans leur camp, sauf à être suppliciés au retour, ainsi que cela arriva plus d'une fois. Les vrais rois, à Sparte, étaient les cinq éphores qui avaient droit de vie et de mort sur les rois prétendus, mais eux-mêmes n'étant que des magistrats annuels nommés par le peuple, Sparte était évidemment une république, et il y en a même bien peu qui aient été aussi fortement constituées. Il s'agit donc de savoir ce que fut et ce que produisit de liberté et de bonheur cette fameuse république de Sparte.

Ce n'est pas ici que je chercherai à prouver sur combien d'exagérations, de contes ridicules et même puérils, est fondée presque toute la renommée des Spartiates, à commencer par leur Lycurgue. Quelques écrivains l'ont fait, et mieux que tous, preuves en main, de Pauw, beaucoup moins paradoxal et plus positif qu'on ne l'a dit, tandis que Barthélemy, ivre de la Grèce, a répété, non sans éloquence, mais sans critique, toutes les folies des rhéteurs. Mais ici je ne veux me fonder que sur des faits reconnus par tout le monde et par les admirateurs comme par les frondeurs. Seulement les premiers les excusent ou même les vantent, tandis que les seconds, beaucoup plus rares, les examinent. Dans les uns et les autres vous lirez qu'à Sparte on vivait d'un brouet noir que l'appétit pouvait seul assaisonner; que les tables étaient publiques; que les femmes l'étaient un peu; que les enfans étaient exercés et encouragés au vol pour devenir adroits et alertes; que les hommes ne pensaient qu'à la guerre et au carnage; que les Ilotes, indignement opprimés, étaient, de temps en temps, quand on les trouvait trop nombreux, plus indignement parqués, chassés, égorgés comme des bêtes fauves, et quelquefois même attirés par d'abominables fraudes dans les piéges les plus atroces et les massacres les plus révoltans. Combien d'autres traits je pourrais citer! mais ceux-ci, bien avérés, ne suffisent-ils pas pour montrer que la liberté de Sparte était la liberté du crime, de la mauvaise foi, et même du malheur! Peu de peuples ont été plus à plaindre. En veut-on une preuve? Après de longues guerres et même d'assez longs succès, le nombre des *citoyens* de Sparte, précédemment de 8,000, se trouva réduit à 1,200, et l'on fut obligé d'y suppléer par cette lie des peuples qui fermente partout au fond de la société, en un mot par des vagabonds et des bandits.

Mais, pour ne parler ici que de liberté, soyons de bonne foi : qui de nous voudrait vivre à Sparte, y avoir son bien, sa femme, et même son dîner? Qui ne sent que ces lois si austères, ce couvent armé, constituaient au fond le plus intolérable esclavage! Il l'était tellement, que je suis persuadé que ce ne fut pas la guerre seule, toute meurtrière qu'elle était, qui contribua à dépeupler Sparte de tant de citoyens, et que beaucoup, excédés de ce rôle d'esclaves à qui l'on voulait faire accroire qu'ils étaient libres, renoncèrent avec empressement à tant de vertus et de gloire, et allèrent chercher une existence plus douce, à Corinthe par exemple, dont l'histoire vante peu les exploits, mais dont elle vanta plus tard l'opulence et la prospérité, Corinthe enfin qui resta une ville puissante, quand Sparte n'était déjà plus qu'un village. Que dis-je! Encore aujourd'hui Corinthe existe, et l'on se dispute sur l'emplacement de Sparte. Il faut être juste, on reconnaît le génie de ses habitans dans ces voleurs *maïnotes*, dignes et éternels représentans des anciens Spartiates. Sarcasme à part, il est évident qu'à Sparte la liberté politique avait complètement envahi et détruit la liberté civile. C'est ce qui arrive partout où la liberté politique est trop forte, c'est-à-dire, partout où des personnes qui ne s'appellent pas rois, ont le droit, au nom du peuple, de vexer le peuple, et de lui demander beaucoup plus de sacrifices et de gênes qu'aucun roi un peu raisonnable ne lui en demanderait. Si cette liberté mène au bonheur, soit; mais d'abord rien de plus contraire au bonheur, à la liberté même, que tant de gênes, d'exigences, de sacrifices. Veut-on voir ce qu'elle a produit chez les Spartiates, lisez:

J'ai sous les yeux l'histoire de Lacédémone; j'y vois que les lois de Lycurgue ne furent jamais écrites; et cela ne serait pas étonnant si le plus ancien historien grec que l'on connaisse, Hellanicus, a eu raison de dire, comme il l'a soutenu constamment, que Lycurgue n'avait pas même été législateur à Sparte. Il paraîtrait qu'ayant voyagé en Crète, il en transporta à Sparte quelques usages civils et surtout militaires, au point que sa création fut accusée d'être une copie. Mais ce qui est incontestable, c'est que, long-temps avant sa naissance, il y avait deux rois à la fois à Sparte, et que ce fut long-temps après sa mort que les éphores et leurs terribles et populaires pouvoirs furent établis. Ces deux institutions sont, comme on le sait, les principales bases du gouvernement de Sparte. Quant à l'austérité des lois, si elles sont de Lycurgue, l'on peut dire qu'il fonda la misère et l'infortune des Lacédémoniens, qui le sentirent de bonne heure, s'il est vrai qu'il pensa périr et perdit un œil dans une sédition. Ces lois étaient sans doute une institution forte. Elles furent maintenues long-temps par ceux qui en profitaient ; car on sait que tous les tyrans n'ont pas une couronne. Mais elles ne donnèrent aux Spartiates, ni bonne foi, ni vertu, ni félicité, ni repos. On peut, avec des phrases et de la rhétorique, faire de ces fameuses lois un chef-d'œuvre de génie ; mais elles soutiennent peu l'examen du bon sens, ce Génie de la raison. L'idée seule du partage des terres, partage qui n'est jamais juste, même le jour où il est fait, juge Lycurgue et tous les hommes qui ont caressé cette inexécutable idée. Mais d'ailleurs que de folies! comme tout était exagéré dans ces lois qui étaient déjà elles-mêmes une exagération! quel roman! j'ajouterai quel triste roman! Les succès et l'importance qu'eurent long-temps les Lacédémoniens, ont fait croire que ce fut à cause de leurs lois qu'ils les obtinrent. Ne serait-ce pas au contraire malgré ces lois et par de tout autres causes, par exemple, par cette conquête de la Messénie, qui leur assura, tant qu'ils la gardèrent, un territoire plus vaste et plus peuplé que celui d'aucun de ces petits états de la Grèce? Il est à remarquer, en effet, que dès qu'Épaminondas, après la bataille de Leuctres, leur eut enlevé la Messénie, leurs lois, leur brouet n'y firent plus œuvre; et le peuple de Lycurgue retomba dans le vulgaire des peuples de la Grèce, malgré toutes ses sublimes institutions.

Ce qu'il importe de considérer, c'est que ce fut vers l'an 894 avant J.-C. que Lycurgue fit ou ne fit pas ses lois, et que ce fut juste quatre cents ans après, l'an 490 avant J.-C., qu'eut lieu la bataille de Marathon, où commence la véritable et intéressante histoire de la Grèce; car les Spartiates n'ont guère eu une histoire, que du moment où les Athéniens la leur ont faite. Dans cet intervalle de quatre siècles barbares, combien les traditions sur les lois *non écrites* de Lycurgue ont pu changer! Ces quatre siècles eux-mêmes sont fort obscurs sur ce petit état de Sparte, et par conséquent les fragmens isolés qu'on trouve sur eux dans les historiens ne peuvent rien pour prouver la beauté des lois de Lycurgue et la liberté de son peuple, et prouveraient plutôt le contraire. On peut le vérifier dans la grande histoire universelle anglaise, qui aime beaucoup Lycurgue. On y trouve, pendant ces 400 ans, des guerres presque continuelles, une mauvaise foi constante et en quelque sorte constituée, l'odieuse guerre contre Hélos, et le traitement plus odieux contre ses habitans, connus sous le nom d'Ilotes, l'éternelle guerre contre la Messénie, où Sparte ne triompha enfin que par la trahison d'Aristocrate, roi d'Arcadie, acheté par elle; trahison tellement constatée que les Arcadiens lapidèrent ce roi, exterminèrent sa famille, et érigèrent sur le mont Lycée un monument où étaient consignés son crime et la perfidie lacédémonienne. J'ai beau faire, je vois bien, dans ces traits et plusieurs autres, attentat politique des Spartiates, mais je n'y peux voir liberté politique. C'est dans ces mêmes temps, apparemment celui des grandes vertus de Sparte, que je trouve aussi ce fait étrange et aujourd'hui inconcevable, mais généralement attesté, que, pendant la longue guerre de Messénie, les femmes de Lacédémone s'étant plaintes à leurs époux d'une si longue absence, ceux-ci envoyèrent les plus jeunes hommes d'entre eux pour consoler leurs femmes et leurs filles. Un peuple d'autres jeunes gens naquit de cette consolation, et ils furent si nombreux et si turbulens, qu'au retour des maris et des pères, ils pensèrent bouleverser Sparte, et par accommodement allèrent en Italie fonder Tarente. Pour le coup je vois ici de la liberté; mais laquelle, grand Dieu!

Quelles mœurs! quel peuple! et quels exemples de ceux qui, dit-on, devraient nous en servir!

Autre trait de la félicité et de la liberté des Spartiates : un de leurs rois, Démarate, qui, après avoir été déposé par les brigues de son collègue Cléomène, s'est fait inspecteur dans la place publique, est insulté même là par Cléomène, et obligé de passer chez les Perses, tandis que ce Cléomène, tyran de ces hommes libres, devient fou, est enfermé, et se tue en prison.

La bataille de Marathon est près de se livrer. Les Spartiates avaient promis une armée; ils ne tinrent point parole, et arrivèrent quand tout était fini. Peu après, a lieu la grande expédition de Xerxès. Il y aurait bien quelque chose à dire sur le combat des Thermopyles, et même sur celui de Marathon; ce n'est que lorsque nous étions enfans, et que la critique historique l'était un peu, qu'il a été possible de croire aux deux millions de soldats de Xerxès, et même aux trois cents mille Perses de Marathon et de Platée. Tout homme qui a vu ce que c'est que de réunir et de nourrir des armées, sait bien que ces réunions innombrables étaient impossibles, surtout sur un sol aussi resserré, et souvent aussi stérile que la Grèce. J'aimerais encore mieux croire aux six cent mille, sept cent mille combattans qu'accumule contre lui, à chacune de ses victoires, César, qui, bien qu'on ne l'ait jamais remarqué, a visiblement, dans ses commentaires, fait, et avec plus d'exagérations encore, *des bulletins de la grande armée ;* relations *officielles* qui durent augmenter beaucoup son crédit au sénat romain et au *forum.* Ce qu'il y a de vrai, c'est qu'en dix ans César conquit la Gaule follement divisée, et, comme on dirait aujourd'hui, décentralisée. Ce qui est également vrai et incontestable, c'est qu'à cette brillante époque de l'histoire de la Grèce, les Grecs livrèrent, contre des armées extrêmement nombreuses, d'admirables et immortels combats. Loin de moi de chercher à flétrir les lauriers de Miltiade, de Léonidas et de Thémistocle : honneur et respect à ces grands hommes ! Les journées de Marathon, de Salamine et de Platée retentiront à jamais dans les âges. Mais là aussi, les Grecs combattaient contre un ennemi commun, et la beauté de leur cause ennoblit encore de tels exploits. Les Spartiates eurent le plus beau rôle à Platée ; mais ce qui leur fait moins d'honneur, c'est l'opposition qu'ils mirent au rétablissement des murs d'Athènes, qui s'était sacrifiée pour la Grèce. Il fallut une ruse de Thémistocle pour triompher de ces obstacles, quoiqu'il soit étrange que si peu de jours lui aient suffi pour en triompher, et pour relever les murs d'Athènes.

Ces Spartiates, si amis de la liberté, ne voulaient point de celle des autres : et les autres Grecs, révoltés par leurs prétentions et celles de leur général Pausanias, renoncent à l'influence de Sparte, et reconnaissent la suprématie d'Athènes. Bientôt après, ce même Pausanias, le vainqueur de Platée, convaincu de s'être vendu au roi de Perse, est condamné à mort et enfermé pour mourir de faim dans un temple, par une enceinte où sa mère vient mettre la première pierre. C'est beaucoup trop pour une mère, et c'est par trop oublier la famille pour la patrie. Quoi qu'il en soit, j'ai négligé de faire remarquer que ces Lacédémoniens, si sobres quand ils étaient pauvres, si désintéressés quand ils ne pouvaient faire autrement, précisément comme le sont aujourd'hui les habitans de Romorantin ou de Saint-Guilain-le-Désert, étaient singulièrement sensibles à la tentation de l'or, et y cédaient trop souvent. Cela ne s'accorde pas trop avec leur *brouet*, qui pourrait bien être aussi une de ces choses officielles où une petite vérité cache de son mieux un énorme mensonge. Quoi qu'il en soit, vers le même temps, on surprit un roi de Sparte, Leotychide, au moment où il recevait le prix de sa trahison, et, comme on dit, la main dans le sac. Bientôt après, Sparte est ravagée par un horrible tremblement de terre, dont profitent, pour recouvrer leur liberté, les Messéniens, et même les Ilotes, qui pourtant avaient combattu à Platée, et, apparemment, n'en avaient pas été mieux traités. Ce n'est qu'après dix ans de guerre, et encore avec des secours étrangers, que les Spartiates triomphent de cet obstacle. Mais que d'autres ils élèvent devant eux! Si les Spartiates avaient eu un temple de Janus, ils ne l'auraient jamais fermé. Dans quelle monarchie ne valait-il pas mieux vivre, que dans une république si turbulente! Il est vrai que presque toutes ces républiques grecques si libres aussi n'étaient guère moins remuantes; et sans parler de la destinée des esclaves, quelle devait être celle des citoyens, dans des états si petits que tout y était frontières, et que tout y était armées.

Ce n'est pas ici le lieu de faire ressortir et retentir tout ce cliquetis d'intérêts croisés qui agitèrent si long-temps les peuples grecs, et où l'ami de la veille était si souvent l'ennemi du lendemain. Il faut pourtant bien dire un mot de cette guerre du Péloponèse, qui dura vingt-sept ans. Les Athéniens ayant à leur tour abusé de leur puissance, la faveur revint à leurs rivaux les Spartiates; et alors commença cette lutte destructive où les deux peuples se refusèrent plusieurs fois la paix, et où, grâce à l'or des Perses, les Lacédémoniens exténués triomphèrent enfin des Athéniens mourans. Il faut être juste : je m'étonne toujours que les Lacédémoniens, avec leurs mœurs féroces, aient été, après une longue lutte, plus humains envers Athènes que, plus tard, les Romains envers Carthage. Ils laissèrent vivre la noble Athènes, mais en lui ôtant sa flotte, son port, son territoire, et en lui imposant les trente tyrans. C'est pourtant dans le cours de cette guerre du Péloponèse que Sparte commit l'attentat le plus horrible qui la déshonore : au moment d'une expédition, les éphores promirent la liberté à ceux des Ilotes qui voudraient servir comme volontaires; deux mille se présentèrent, et les Spartiates, ayant connu par là quels étaient les deux mille Ilotes les plus vaillans, égorgèrent en secret ces infortunés dont on n'entendit jamais parler depuis!!

La prise d'Athènes et la puissance qui en résulta pour les Lacédémoniens leur ayant à leur tour fait encore tourner la tête, au point d'oser prendre en pleine paix la citadelle de Thèbes, leur orgueil et leur avidité leur suscitèrent de nombreux ennemis. Athènes même, ayant chassé les trente tyrans, se rétablit un peu; mais cette fois le beau rôle échut aux Thébains qui, subalternes jusqu'alors, devinrent un grand peuple, et, grâce à Pélopidas et surtout à Epaminondas, changèrent les destinées de la Grèce. Leuctres, Mantinée, la Messénie affranchie, Messène rétablie, et rendue, après trois siècles, aux neveux de ses anciens habitans, portent à la puissance de Sparte une atteinte que ne peuvent réparer les talens ni les entreprises lointaines d'Agésilas. La guerre éternelle de Sparte se tourne contre Philippe, ensuite contre Pyrrhus, qui est sur le point de la détruire. Pour y ajouter des désordres intérieurs, le roi Agis veut rétablir les lois de Lycurgue, et ordonne le partage des terres et l'abolition des dettes. Ce pitoyable rêve lui réussit mal, et lui coûte la vie. Cependant, comme le pouvoir n'est jamais vacant, la ligue achéenne se forme en Grèce, pour remplacer l'influence trop affaiblie de Sparte. Cléomène, roi de Sparte, recourt aux grands moyens, fait un jour massacrer les éphores, rétablit en partie les lois de Lycurgue, rétablit surtout sa propre autorité, obtient quelques succès en Grèce contre Aratus; mais à la bataille de Sélasie qu'il livre à Antigone, roi de Macédoine, lui et Sparte reçoivent le coup fatal, et subissent une déroute complète. Il se sauva en Égypte, où il périt. Bientôt Sparte est prise et soumise par Antigone. Cependant, peu après, des éphores s'y établissent, sont égorgés; d'autres, plus heureux, élisent deux rois, dont le plus habile, Lycurgue, résiste avec quelque succès à Philippe; mais les éphores, jaloux de lui, cherchent à le faire périr, et le forcent à fuir. Alors le tyran Machanidas occupe le trône, l'achète, dit-on, ne veut pas entendre parler d'éphores, semble d'abord réussir, mais est vaincu et tué par Philopœmen. Nabis lui succède: tyran encore plus cruel que lui, quoique un peu moins que les lois de Lycurgue. Si, ce que je ne crois pas, les Spartiates se plaisaient à leur régime, ils méritaient de finir par un tel tyran.

C'est ce Nabis qui appela dans Sparte, dépeuplée de citoyens et même d'Ilotes, tous les vagabonds de la Grèce. Il commet d'atroces cruautés, que je maudis autant que qui que ce soit; mais la vérité m'oblige de dire que les Spartiates libres avaient fait encore pis que le tyran. Un tyran répond de tout ce qu'il fait; ce qui est juste; mais il semble qu'un peuple ne réponde de rien, parce qu'un peuple n'est personne. Quoi qu'il en soit, Nabis, féroce, mais assez habile, augmente son pouvoir, son territoire, et arrive à se faire craindre, même de la Grèce. Mais Philopœmen se charge aussi de battre ce tyran, qui est assassiné par les alliés qu'il avait appelés, et Philopœmen entre dans la ville de Sparte, qui devient un humble canton de la ligue achéenne, jusqu'au moment où, seize ans après, Rome triomphante fait à Sparte et à toutes les villes de la Grèce la mauvaise plaisanterie de leur rendre la liberté. Ce fut une dérision amère à laquelle les Grecs, enthousiasmés, se trompèrent d'abord. On s'y trompe encore tous les jours. Rome savait par elle-même ce que c'était que cette liberté, surtout à la manière des Spartiates. On peut en juger par cette analyse de leur histoire et de leur sort. Quelle existence dans les orages! quel repos sur un écueil! et que de peines, souvent coupables, pour arriver à tant de malheurs! Combien de traits odieux j'ai omis! que de mauvaise foi! Il fallait que cette mauvaise foi fût bien reconnue, puisque, dans plusieurs des assemblées de la Grèce, les Spartiates étaient exclus des sacrifices, sans doute pour ne pas irriter les dieux. Voilà cependant le peuple qui a eu la plus grande liberté politique connue. Lui portera qui voudra admiration ou envie !

CHAPITRE III.

ATHÈNES.

Dans la revue que je viens de faire de la liberté politique des Spartiates, je n'ai pu m'empêcher d'examiner de près en quoi cette liberté politique a contribué à leur bonheur. Car enfin le bonheur d'un peuple doit être le premier but et le principal résultat de son gouvernement, si ce gouvernement est bon. Au moins les austérités religieuses trouvent là haut un dédommagement immense, mais rien de tel n'est promis pour les austérités politiques, et le meilleur gouvernement ne peut récompenser qu'en ce monde. C'est donc par le bonheur actuel et réel que doivent se mesurer les institutions politiques ; et c'est ce qu'a très-bien senti M. de Chastellux dans son livre *de la Félicité publique*, où il a examiné l'histoire sous ce point de vue. Nous marchons en partie au même but, mais il trouve encore beaucoup plus de bonheur que moi, et je trouve beaucoup moins de liberté que lui, parce que sur cet objet je ne veux absolument pas m'en rapporter aux mots ; je suis intraitable. M. de Chastellux n'entend pas la liberté comme moi : il parle souvent du *despotisme* que je déteste autant que lui ; mais il n'applique ce mot qu'au pouvoir des rois, et jamais au pouvoir, souvent cent fois plus oppresseur des républiques. Cependant, comme il examine leur bonheur, il donne, sans s'en douter, le produit net de ce qu'il appelle, comme tout le monde au reste, leur liberté. Je suis étonné qu'un esprit aussi juste n'ait pas tiré la conclusion si naturelle de ce que lui-même venait de dire. Mais avec les préjugés qu'avaient et gardent encore, sur cela, les hommes qui crient le plus contre les préjugés, c'était beaucoup pour M. de Chastellux, et ce fut un noble et honorable travail que de déshabiller cette liberté, même cette gloire antique, et de prouver combien elles avaient peu contribué à la félicité des peuples qui les possédaient. Il n'avait vu que de très-loin cette liberté politique ; il faut l'avoir vue et touchée, ou plutôt avoir été touché par elle, comme les Français de nos jours, pour l'apprécier tout à fait à sa véritable valeur ; et encore cela ne laisse pas que d'être assez hardi, puisque la franchise de mon opinion pourra attirer, de la part de ceux qui sont encore sous le charme, des anathèmes contre celui qui n'y est pas. Je ne puis croire cependant qu'on me blâme sérieusement d'avoir constamment, et avec une insistance obstinée, mêlé dans cette revue l'examen du bonheur des peuples à celui de leur liberté politique. Toutefois, je suis prêt à consentir à ce blâme, si l'on veut bien me donner un certificat constatant que la liberté politique n'a aucun rapport avec le bonheur du peuple qui la possède.

Continuons donc notre voyage dans les républiques anciennes, et allons à Athènes, la plus brillante des républiques de la Grèce. Là du moins brillait un peuple gai, vif, doux même pour ses esclaves, spirituel, ami des arts et très-ami des plaisirs. Là point de lois de Lycurgue, point de brouet. Il est évident que la nature avait fait les Athéniens le plus aimable des peuples et l'avait destiné à en être le plus heureux. Voyons ce que la liberté politique en a fait.

Après avoir eu long-temps des rois, et immédiatement après Codrus, qui pourtant s'était sacrifié pour eux, les Athéniens se constituent en république, et veulent absolument être libres. Cependant, comme il faut toujours des lois, ils s'adressent pour cela à Dracon. Or Dracon, c'était encore pis que Lycurgue. Il prodiguait la mort pour les moindres délits; mais les Athéniens avaient la consolation d'être libres; ce qui rappelle la plaisanterie de M. de Boufflers, qui disait d'un autre peuple libre aussi, que le citoyen qui était pendu avait le plaisir d'être obéi par le bourreau. Pour parler plus sérieusement, on se plaint souvent des hommes tyrans et pas assez des lois tyranniques. Que m'importe d'être jugé *d'après les lois*, si ces lois sont féroces et odieuses ! Hélas ! c'est avec une régularité parfaite, et *conformément aux lois* d'autres Dracons modernes, plus sanguinaires encore, que tant de têtes tombèrent et que tant de crimes horribles épouvantèrent la France et l'Europe. Les lois tyranniques le sont d'autant plus qu'elles sont inflexibles; et du moins le pacha le plus sévère sent quelquefois cette sympathie qui existe de l'homme à l'homme. C'est contre cette inflexibilité des lois qu'a été inventé le droit de faire grâce, qui est beaucoup moins le droit du prince que celui de l'humanité. M'accordera-t-on qu'un peu d'arbitraire valait mieux que les terribles lois de Dracon ? Du moins l'arbitraire ici était la possibilité d'être sauvé; tandis que les lois toutes pures de Dracon n'écoutaient ni n'épargnaient personne.

Les Athéniens se lassèrent pourtant de ce terrible législateur, et après trente ans, ils demandèrent d'autres lois à Solon. Celui-ci leur en donna de beaucoup plus adaptées à leurs mœurs, mais il leur en donna de trop populaires, et

comme par suite on lui en demandait tous les jours qui le fussent davantage, il s'éloigna pour dix ans. Quand il revint, il trouva que Pisistrate était devenu le maître ou, si l'on veut, le tyran d'Athènes. Mais quelle tyrannie! tous les historiens conviennent qu'il n'y eut jamais de gouvernement si doux. Je les copie : « Il ranima
» l'agriculture ; il encouragea à ce noble et pai-
» sible travail les citoyens pauvres qui, aupa-
» ravant, cabalaient dans la place publique. Par
» lui on défricha les terres incultes, on améliora
» les autres. Il se fit payer pour le besoin de
» l'état le dixième du produit (on fait mieux
» aujourd'hui). Ce ne fut pas sans exciter des
» murmures, mais son humanité adoucissait les
» rigueurs de l'impôt, et les cultivateurs goû-
» tèrent les fruits de la paix. Il favorisa les arts
» et les sciences ; il fit connaître aux Athéniens
» les poèmes d'Homère ; il éleva de superbes
» édifices ; il jeta les fondemens du temple de
» Jupiter Olympien ; en un mot, il enseigna aux
» princes l'art de régner, et, quoique usurpa-
» teur, il fit aimer un joug qui semblait assurer
» le bonheur public. »

Ce portrait et surtout ces derniers mots sont très-curieux. Il semble que le bon abbé Millot et Rollin, et tous les historiens, soient honteux d'avouer combien Pisistrate fut doux, éclairé, habile, et remplit envers les Athéniens les conditions du meilleur des gouvernemens. On ne

dirait pas plus pour louer dignement le règne
d'Antonin ou de Marc-Aurèle. Solon, mécontent
de voir ce qu'il appelait *la tyrannie* rétablie, s'en
plaignit à Pisistrate, son parent, et se plaignit
de lui, encouragé, dit-il, par sa vieillesse.
Mais il l'était sans doute encore plus par l'indul-
gence bien connue de Pisistrate. Ce tyran, qui
était un homme de beaucoup d'esprit, et auteur
lui-même, puisqu'on prétend qu'il refondit et
remania l'*Iliade*, vit et excusa dans le législateur Solon l'humeur d'un auteur désappointé
dont on met l'œuvre de côté; et, appelé, honoré,
consulté par lui, le sage Solon, plus sage que
jamais, finit par se convertir à une autorité si
douce qui rendait Athènes si heureuse.

Les Athéniens ne pouvaient souffrir long-
temps un tel état de choses. Hipparque, fils et
successeur de Pisistrate, et aussi doux que lui,
fut assassiné par Harmodius et Aristogiton, *ses
ennemis personnels*, ce qui diminue un peu le mérite de leur dévouement patriotique. Tous deux
périrent. Hippias, frère d'Hipparque, ne put se
soutenir que trois ans à Athènes, et la république
fut rétablie. Mais à peine les Pisistratides sont-ils
chassés, qu'il s'élève à Athènes deux factions ri-
vales, celle de Clisthène et celle d'Isagoras. Ce
dernier appelle le secours des Spartiates. Les me-
naces de ceux-ci font exiler beaucoup de familles,
et la présence de leurs troupes à Athènes en fait
exiler sept cents autres. Jamais Pisistrate n'avait

appelé l'étranger, et l'on ne dit pas qu'il eût exilé un seul citoyen. Suivent quelques expéditions assez glorieuses des Athéniens, contre les Béotiens, les Chalcidiens et les Éginètes; car ce peuple athénien était très-brave. Une autre expédition en Ionie obtint des succès, mais attira sur la Grèce les armes de la Perse, maîtresse alors de l'Asie-Mineure. C'est à cette époque qu'eut lieu la bataille de Marathon, l'immortelle gloire d'Athènes et de la Grèce. Miltiade, pour toute récompense, fut mis à la tête des généraux grecs; mais peu après, ayant échoué dans une expédition à Poros, il fut condamné à une amende de cinquante talens, et mourut en prison, faute d'avoir pu la payer. Ces cinquante talens étaient, dit-on, le prix de la flotte qu'il avait perdue. Alors il fallait essayer de lui rembourser la bataille de Marathon.

Deux autres grands citoyens remplacèrent Miltiade : Thémistocle et Aristide. C'étaient la gloire et la vertu. Aristide est exilé. On sait que ce fut parce que beaucoup d'Athéniens s'ennuyaient de l'entendre appeler le juste. Il subit l'ostracisme. C'était encore une autre institution de la liberté, par laquelle tout citoyen qui, *sans aucune cause donnée ou même connue*, avait réuni contre lui six mille voix, était de droit exilé, c'est-à-dire enlevé à sa famille, à sa fortune, à son pays; c'était là, dit-on, un sacrifice nécessaire à la liberté. J'entends : ce n'était que par l'esclavage qu'on pouvait préserver la liberté. Cette définition serait naïve et pourtant n'était que trop vraie dans la plupart des républiques anciennes. Quel esclavage plus odieux en effet que d'être soumis à une pareille loi qui asservissait les gens de bien au caprice et au despotisme populaire, dispensé même de donner un prétexte.

Mais c'est ici qu'arriva la grande lutte contre les Perses. La Grèce qui, au fond, était une grande république confédérée, se réunit contre l'orage. Thémistocle lui-même fait rappeler Aristide. Les Athéniens sont encore les héros de Salamine. Ils abandonnent jusqu'à leur ville et leur dieux domestiques pour échapper aux fers des Perses; et à Platée et à Mycale, ils contribuent puissamment au triomphe de la Grèce. A ces belles époques d'une lutte réellement nationale, et où sans illusion il s'agissait de la liberté d'un peuple attaqué par un autre peuple beaucoup plus puissant, la Grèce, et Athènes avant tout, resplendissent de gloire; et il est impossible à l'homme le plus froid ou le plus frondeur de ne pas sentir battre son cœur devant un tel tableau de dévouement et de courage. Je n'hésite pas même à avouer qu'il y a dans cette exaltation républicaine, toute illusionnaire qu'elle est souvent, un élan plus favorable que les monarchies à ces dévouemens. C'est là un avantage qu'on ne peut refuser aux républiques ; mais c'est presque le seul, et l'on sait s'il est compensé d'ailleurs.

Thémistocle, qui avait été le héros de cette grande lutte, et devant qui la Grèce s'était levée aux jeux olympiques, avait rendu de trop grands services pour ne pas éprouver la reconnaissance ordinaire des républiques. Il fut poursuivi par les Spartiates contre qui il avait donné un conseil très-utile à Athènes ; et les Athéniens, avec tout leur esprit, furent assez insensés pour se priver, sur les instances des Spartiates, de leur plus brillant et plus habile défenseur. Thémistocle n'échappa même à la mort qu'en se réfugiant chez les barbares, et le héros de la Grèce fut condamné à se faire Perse. Cependant les hauteurs des Spartiates font transférer aux Athéniens le commandement de la Grèce, et l'intégrité d'Aristide le lui fait chérir. Cimon continue la guerre contre les Perses, et il a le bonheur de la terminer par une paix glorieuse ; mais il avait pour rival Périclès qui, beaucoup plus jeune, lui survécut, et succéda à son influence. Prenez bien garde que Thémistocle, Cimon, Périclès et d'autres furent successivement, et par moment, comme les rois d'Athènes, qui ne fut jamais plus heureuse et plus brillante que quand elle eut ces espèces de rois, et qui n'eut plus ni sens commun ni prospérité toutes les fois que ce fut le peuple qui fut le roi.

Les Athéniens ayant à leur tour abusé du commandement de la Grèce, les alliés se retournèrent vers Sparte, et alors commença cette guerre de 27 ans, dite du Péloponèse. Les succès sont divers, mais le peuple d'Athènes, ivre de ses avantages, refuse plusieurs fois la paix qu'aucun prince n'eût refusée. Ses chefs l'avaient toujours de plus en plus flatté, et Périclès va jusqu'à donner un salaire aux citoyens qui viennent voter sur la place publique. C'est précisément ce que nous avons vu en France pour les *citoyens* qui allaient voter *à leurs sections*. S'en suit-il que, là comme chez nous, ces citoyens allassent voter pour leur propre opinion? Point du tout; c'était pour Périclès, ou, si l'on veut, pour leur propre salaire. Malheureusement Périclès mourut, c'était encore le bon Génie d'Athènes. C'est la place publique qui gouverne. Une trève est faite avec les Spartiates; mais cela était trop sage; les Athéniens la rompent sur les conseils du jeune Alcibiade. Bien plus, pendant qu'ils ont la guerre chez eux en Attique, ils forment le projet de conquérir la Sicile, et ils y envoient une grande flotte et leurs meilleures troupes, sous le commandement de trois généraux. Mais à peine cette expédition est-elle arrivée en Sicile qu'ils rappellent le plus habile des trois, Alcibiade, qui seul, par ses talens brillans, pouvait faire réussir l'entreprise que presque seul il avait conseillée. Alcibiade, instruit que sa perte est jurée à Athènes, n'a garde d'y revenir, est condamné à mort par contumace. Il n'est pas assez bon citoyen pour ne pas s'en venger, et il sert les intérêts de Sparte. De son côté, Nicias, qui commande les Athéniens devant Syracuse, conduit très-mal une entreprise qu'il avait toujours blâmée. Il faut avoir foi à tout ce qu'on fait. L'armée athénienne est définitivement battue, prise, et même égorgée. Qui le croirait? ce peuple, dans sa férocité en délire, condamne à mort le premier qui lui apporte cette triste nouvelle. Athènes perd presque tous ses alliés, et la démagogie, portée à son comble, enfante même l'impuissance d'agir. Tous les hommes raisonnables sont effrayés, et Pisandre dit hautement que l'unique moyen de salut est d'abolir la démocratie et de rappeler Alcibiade; mais d'autres s'écrient qu'abolir la démocratie ce serait *perdre la liberté*. Par amendement on supprime le gouvernement d'alors, et, afin de rester au moins libre, on choisit quatre cents citoyens pour exercer *une autorité absolue*. Je ne plaisante point, je me sers des expressions des historiens. Ces quatre cents citoyens deviennent des tyrans. Il est évident qu'ils ne pouvaient guère être autre chose.

Heureusement l'armée qui était à Samos a encore plus de bon sens que le peuple et n'adopte pas ces innovations. Elle rappelle et met à sa tête Alcibiade, qui, déjà proscrit par les Spartiates, était en Ionie. Alcibiade se signale, rend aux Athéniens l'empire de la mer et de la terre, prend Bysance, et revient à Athènes où le peuple avait déposé les quatre cents et voté son rappel. Son retour est un triomphe, et les Spartiates effrayés font proposer la paix. Le plus mauvais parti était de la refuser dans un moment si favorable : le peuple ne manqua pas de le prendre. Pour un léger échec survenu en l'absence d'Alcibiade, il déposa son meilleur et son plus habile général. Alcibiade connaissait trop le peuple d'Athènes pour y retourner après tant de services. Il se retire en Thrace. Il est remplacé par dix généraux. Ceux-ci, contre toute espérance, s'entendent assez bien et gagnent complétement l'importante bataille navale des Arginuses. Mais, qui le croirait? l'un de ces généraux, de retour à Athènes, accuse ses collègues de n'avoir pas fait rendre les derniers devoirs aux Athéniens morts. Six des généraux accusés, et malheureusement pour eux de retour à Athènes, représentent qu'une tempête les a empêchés de rendre ces derniers devoirs. La ruse, le fanatisme, la déclamation populacière, se réunissent contre eux, et ces six généraux vainqueurs sont condamnés à mort et exécutés. L'un d'eux était le fils unique de l'illustre Périclès. Après ce trait célèbre de l'ingratitude et de l'extravagance républicaine, les

Athéniens, qui en eurent bientôt horreur eux-
mêmes, méritaient tous les malheurs ; ils les
subirent. Maudits des hommes et des dieux,
leurs nouveaux généraux (car ils en trouvent) perdent toute raison, toute prévoyance ;
leur flotte, leur dernière ressource, en présence
de l'ennemi, n'est pas même gardée. Alcibiade,
alors sur la côte, vient en vain avertir les généraux athéniens. Tout est inutile, et Athènes
reçoit le coup de grâce à Egospotamos. Bientôt
assiégée par terre et par mer, elle ouvre ses
portes, est épargnée par les Spartiates, généreux
ce jour-là ; mais elle perd son territoire, sa flotte,
et les murailles d'Athènes sont démolies au son
des flûtes et des trompettes, le même jour où
les Athéniens avaient gagné la bataille de Salamine. Quels que soient les torts des Athéniens,
il est impossible de ne pas être ému devant ce
résultat de tant de gloire et, diraient d'autres,
de tant de liberté.

Lysandre, vainqueur, donna à Athènes, au
moins vassale de Sparte, trente magistrats,
connus sous le nom des trente tyrans, et qui
commirent en effet beaucoup d'actes de tyrannie. Mais on a vu si les dix mille tyrans étaient
plus humains que les trente ; on le verra encore.
Quoi qu'il en soit, Thrasybule, à la tête des fugitifs, chassa enfin les trente. Le gouvernement
fut alors confié à dix citoyens qui se trouvè-
rent bientôt dix tyrans. En vérité, en voyant

tant d'essais de gouvernemens toujours repoussés et de gouvernans toujours déclarés tyrans, on a peur qu'il ne soit évident que les Athéniens étaient absolument incapables de tout gouvernement raisonnable; et en effet ce peuple, charmant d'ailleurs, n'a guère été sage et tranquille que lorsqu'il n'a absolument pas pu faire autrement. Cependant Thrasybule l'emporte enfin, et la démocratie pure est rétablie. Les Athéniens profitent de cette occasion pour faire périr Socrate; et comme c'était leur destinée de faire des sottises cruelles et de s'en repentir vivement après, ils punirent trop tard les accusateurs qu'ils avaient écoutés. Thrasybule, Conon et l'or des Perses ennemis de Sparte rétablissent un peu leurs affaires. Les murs d'Athènes sont relevés. Le moment vient même où Sparte réclame, implore presque le secours d'Athènes contre Thèbes victorieuse à Leuctres. Les Athéniens combattent vaillamment à Mantinée, pour ces Spartiates qui les avaient détruits. Mais on peut voir que vers cette époque, Athènes, ou plutôt toute la Grèce, devint décidément à vendre et même se vendit plus d'une fois. La *guerre des alliés*, la *guerre sacrée*, furent entreprises par les Athéniens sans prudence et souvent conduites de même. Mais un autre ennemi menaçait eux et la Grèce; Philippe, le père d'Alexandre. On peut vérifier dans Démosthènes toutes les bassesses athéniennes, excepté la sienne, ce qu'il y eut alors d'imprudence, de présomption, de vénalité, d'extravagance dans le peuple athénien, et ce que c'était que ce pitoyable gouvernement de la place publique. Tout cela finit comme cela devait finir; Philippe triompha, et la bataille de Chéronée fut entièrement perdue. Dès lors Athènes et même toute la Grèce ne fut guère qu'une province de la Macédoine. Les efforts des Athéniens pour briser le joug étranger furent inutiles. Mais, fidèles à leurs habitudes, les Athéniens profitèrent d'un moment et d'une ombre de liberté pour condamner à mort le dernier, le plus habile, le plus sage de leurs généraux, Phocion. Selon leur usage aussi, ils s'en repentirent et le vengèrent.

Ici la fatigue m'arrête, et je recule devant le dégoût de ma propre démonstration. Poursuivrai-je les restes languissans de l'histoire d'Athènes? Montrerai-je les Athéniens soumis au macédonien Cassandre, et heureux, presque pour la première fois, sous son délégué, Démétrius de Phalère, qui répare, enrichit, embellit leur cité, et lui assure dix ans de l'existence la plus tranquille, mais se lassant de ce bonheur, le maudissant presque, et brisant les trois cents statues élevées à Démétrius de Phalère, lorsque Démétrius Poliorcète, fils d'Antigone, chasse les troupes de Cassandre, et leur rend ce qu'on appelle la liberté? Peindrai-je ces hommes libres, devenus immédiatement les plus vils esclaves, proclamant Antigone et son fils dieux tutélaires et sauveurs, et leur décernant un autel et un prêtre? Dirai-je... oui, il faut le dire, comment les historiens les peignent à cette époque, et comment ils furent à toutes. « Le gouvernement démocratique fut à peine rétabli qu'on en ressentit les tristes effets. Les accusations et les sentences de condamnation devinrent fréquentes. Elevé au-dessus des autres, on était en danger; confondu avec la foule, on était un objet de mépris. » (*Grande Histoire universelle anglaise*, tom. IX, pag. 542.) Ce passage naïf est curieux, et surtout la dernière phrase, qui prouve que cette république-là, comme tant d'autres, n'était pas même au profit du peuple, et conciliait très-bien la guerre aux grands et le mépris aux petits, et que tant et de telles dissentions venaient des ambitions turbulentes qui, loin d'être contenues, étant encouragées par les lois, s'agitaient sans cesse pour arriver au crédit et au pouvoir, et renverser ceux qui possédaient l'un et l'autre, aucune monarchie n'offrant à cet égard autant de chances qu'une république.

On devine sans peine que ce vingtième ou centième rétablissement de la liberté, à Athènes, réussit comme les précédens. Les Athéniens, après avoir deux ou trois fois passé envers Démétrius Poliorcète, selon l'accroissement ou la chute de sa puissance, de l'excès de la bassesse à celui de l'insulte, devinrent décidément sujets de la Macédoine, jusqu'au moment où Aratus racheta leur liberté, pour les confondre dans la ligue achéenne, avec laquelle ils devinrent sujets ou plutôt esclaves de Rome.

Ce fut pour assurer ce sort à eux-mêmes, et cet avenir à leurs enfans, que les Athéniens s'agitèrent et combattirent pendant tant d'olympiades. Si encore, comme pour les Romains dont je vais parler, tant de discordes, de proscriptions et de combats avaient servi à les rendre les maîtres du monde! Mais au total, et à part l'admirable moment de Marathon, de Salamine, et de Platée, tous leurs exploits mêlés à tous leurs malheurs aboutirent pour eux à quelques conquêtes de petites portions de la Grèce, et à quelques incursions sur les rivages de l'Ionie et de la Thrace, avant qu'ils tombassent eux-mêmes en dissolution et en esclavage. Voilà à quoi employa tant d'années un peuple brillant, spirituel, destiné à être et à rester long-temps le roi des arts et le modèle de la société humaine. On peut juger de reste s'il obtint au moins le bien auquel il en sacrifia tant d'autres, la liberté; ou, si l'on aime mieux, on peut juger de la liberté qu'il obtint.

A ce tableau de la félicité des deux républiques les plus célèbres et les plus vantées de la Grèce, combien je pourrais en joindre sur les autres républiques dont cette contrée était remplie! et presque tous seraient aussi odieux. Diodore de Sicile parle (liv. xv.) d'une révolution arrivée à Argos dans la 102ᵉ olympiade, révolution où, après diverses cruautés exercées de part et d'autre, le parti triomphant fit conduire au supplice douze cents citoyens. Douze cents citoyens à Argos devaient former au moins le quart de la république. J'emprunte cette citation à M. de Chastellux, et j'y joins une citation de lui-même, à l'usage des personnes qui voudraient me taxer de sévérité et de prévention contre le bonheur des républiques grecques :

« Nous pourrions assurer hardiment qu'il n'y a pas une des
» petites républiques de la Grèce qui, dans une période de cin-
» quante années, n'ait éprouvé plusieurs révolutions dont la moi-
» tié de ses citoyens n'ait été la victime ; qu'il n'y en a point non
» plus qui, dans le même espace de temps, n'ait vu ses terres
» ravagées par les guerres ; enfin que nul homme de ces villes
» malheureuses n'a atteint le terme ordinaire de la vie, sans dé-
» tester le moment où il l'avait reçue. »

De la Félicité publique, t. 1, p. 48.

Je ne sais pas ce que l'on peut répondre à de telles opinions, appuyées sur tant de faits et d'études spéciales et consciencieuses.

Mais, me dit-on, il n'est là question que de petites républiques. Allons, passons à l'histoire de la plus puissante des républiques connues.

CHAPITRE IV.

ROME.

Lorsque dans ma jeunesse j'allai à Rome, l'étourderie de mon âge et ma disposition assez frondeuse ne purent empêcher qu'en approchant de cette antique reine de la terre, de cette veuve de l'univers, je ne sentisse une espèce d'émotion devant le théâtre de si grands événemens et de si grands hommes. J'éprouve une impression assez semblable au moment où, après avoir examiné et *analysé* les républiques de Sparte et d'Athènes, je suis amené par mon sujet au même travail sur ce géant appelé la république romaine. Heureusement il ne s'agit pas ici de sa gloire, que j'examinerai peut-être ailleurs. Il s'agit de sa liberté, et du sort réel de ceux de ses habitans qui ne s'appelaient pas Emilius, Valerius, Scipion, Gracchus, etc., etc. Ce sont précisément ces habitans obcurs et sans nombre qui forment ce qu'on appelle le peuple, et c'est précisément aussi de leur sort que s'occupent le moins les historiens. Au reste, il est extrêmement curieux d'examiner ce qu'à eu de liberté le peuple qui a eu tant de gloire, et, à ce qu'il prétendait, tant de liberté. C'est ce que je veux faire le plus brièvement possible, m'en rapportant, sur une foule de détails, à la mémoire de mes lecteurs ; car tout homme digne de lire a certainement lu l'Histoire romaine.

S'il est vrai que l'histoire soit souvent une fable convenue, ce mot peut s'appliquer surtout aux premiers siècles de Rome. Rien de plus incertain et de plus obscur. Tite-Live en convient lui-même, et apprend à douter de ce qu'il raconte. On a mieux aimé retracer ses récits que ses doutes. Mais M. de Beaufort, M. Lévêque, et quelques autres, ont très-bien prouvé combien, dans les détails, ces premiers siècles romains présentent d'incertitudes. Heureusement pour moi que le fond des faits me suffit ; et lorsque j'accepte les récits des historiens anciens et modernes qui ont le plus vanté Rome, pourra-t-on m'accuser de partialité s'il en résulte évidemment encore des faits favorables à l'opinion que je soutiens ?

Rome est fondée par Romulus, si toutefois il est bien vrai que Romulus ait existé. Tous ceux des historiens qui n'en doutent pas, attestent qu'il forma Rome d'un rassemblement de vagabonds et de bandits. On lui donne trente-sept ans de règne, après lesquels le sénat, l'étrange sénat sans doute, qu'il avait créé, le fait périr et le fait dieu. Il paraît que le sénat, voulant hériter de son pouvoir, se le partage, et que, pendant un an, il y a tous les cinq jours un nouveau sénateur qui devient un *interroi*, et jouit pendant cinq jours de l'autorité royale. Je vois bien ce que les sénateurs pouvaient gagner à ce système; mais il m'est impossible de voir ce que le peuple y gagnait. Il ne pouvait absolument que perdre à tant de changemens. Aussi, au bout d'une année renonça-t-on à ce système ridicule, et l'on élut le sabin Numa, qui, pendant quarante ans, gouverna, policia les Romains, et, sans contestation, leur assura plus de tranquillité et de bonheur qu'ils n'en eurent sous leur république. A ce prix, qui ne lui pardonnerait sa nymphe Égérie ! Tullus lui succéda; Ancus, son petit-fils, succéda à Tullus ; et enfin régna Tarquin l'ancien. Au surplus, tous ces rois n'étaient guère que des magistrats ou des sénateurs. Dans ces petits états de l'antiquité, les rois étaient si près du peuple qu'on leur prenait très-aisément mesure. Ni le mot, ni la chose de Majesté royale n'étaient inventés, et le peuple avait toujours part et trop grande part au pouvoir. C'est ce que sentit Servius Tullius, successeur de Tarquin l'ancien, et prince cependant très-populaire. Ne pouvant souffrir, dit Vertot, *que le gouvernement dépendît souvent de la plus vile populace*, il se lassa de la division du peuple romain en *curies*, où l'on ne comptait que les têtes, et y substitua, dans toutes les occasions décisives, le système des *centuries*, où l'on comptait les fortunes. Après avoir donné cette garantie au bon ordre, il voulait, dit-on, abdiquer, et établir tout-à-fait la république, quand il fut assassiné par son gendre Tarquin-le-Superbe, qui regna à son tour, et se fit détester.

Je supplie de prendre garde que, si je relate souvent les vices et même les crimes des républiques, je suis loin de penser et de dire que les rois n'abusassent pas aussi, et souvent cruellement, de leur puissance. Je pense seulement qu'en général les fureurs et iniquités monarchiques sont moins violentes et moins funestes, parce qu'en général la monarchie qui possède, conserve ce que la république qui lutte, détruit. Ce Tarquin dont je reconnais et déteste la tyrannie, comme toutes les tyrannies sous tous les noms, agrandit Rome par ses conquêtes et l'embellit par ses monumens, au point qu'un de ceux qu'il y établit faisait encore un des ornemens de Rome, devenue maîtresse du monde. Cependant ses violences, et surtout l'injure de Lucrèce, font éclater la révolte, je veux dire l'insurrection. Tarquin est chassé, et la république est proclamée. Qu'en résulte-t-il pour le peuple? on élit deux consuls annuels qui, avec le sénat, dans le sein duquel ils sont pris, ont *tous les droits* qu'avait à Rome la royauté. C'était donc, avec moins de fixité et de calme, absolument la même chose. Il faut bien que l'avantage de cette révolution n'ait pas été bien généralement senti, puisque, dès la première année, les deux fils d'un des consuls et les deux neveux de l'autre conspirèrent pour rétablir Tarquin. Ils sont découverts, et Brutus condamne lui-même ses enfans, acte que je ne louerai jamais. Une guerre cruelle se prolonge entre Rome et les peuples alliés de Tarquin. Tant que ce prince existe, le sénat de Rome ménage le peuple; mais, Tarquin mort, les sénateurs romains de ce siècle souvent cité comme le modèle de la vertu romaine, ne se contraignent plus dans leur dureté, ni dans leur avarice. Ils s'emparent de presque toutes les terres conquises, qui devaient être partagées; ils exercent sur le peuple pauvre une usure odieuse; et, abusent d'une législation sévère sur les dettes, pour faire sans cesse emprisonner et fouetter de verges des citoyens *libres*. Les Romains excédés refusent même de se défendre contre l'ennemi. Pour les y forcer, on crée la dictature, pouvoir temporaire mais entièrement despotique, et avec droit de vie et de mort. Ce n'est pas que je blâme absolument cette institution; car il y a au fond de tous les états et de toutes les constitutions, dans certaines circonstances, un droit d'inévitable dictature; et ce qui le prouverait, c'est ce pouvoir exorbitant, établi, reconnu, et si souvent exercé chez le peuple le plus jaloux de sa liberté.

Cependant la dictature même ne calme ni les mécontentemens ni les abus, et le peuple poussé à bout abandonne Rome, et se retire sur le mont Sacré, d'où le sénat ne peut le faire revenir qu'en lui accordant des tribuns pour le protéger, et de plus l'abolition des dettes, mesure ultra-populaire, et toujours de la plus dangereuse conséquence, puisque, quelques abus qu'elle veuille réprimer, elle attaque la société dans sa base. Mais enfin, après ces sacrifices du sénat, il était permis de croire que le calme renaîtrait à Rome. Hélas! il semble que dès que le peuple n'est plus opprimé, il faut qu'il opprime. Le peuple de Rome reconnait mal la concession qu'il vient d'obtenir, et ses tribuns, institués à peine, au lieu de se borner à le protéger, l'agitent et s'agitent au profit de leur propre ambition. Ils étendent leurs droits, ils en exigent, en obtiennent d'autres; et une guerre de plusieurs siècles est fondée entre le sénat et le peuple romain, fatigué aussi d'une lutte continuelle avec tous ses voisins, ce qui met le comble à sa félicité et à sa liberté républicaines.

L'histoire de Coriolan est partout: on sait

que, blessé des premiers envahissemens des tribuns, il fut trop altier ; on sait aussi que le peuple ou plutôt ses tribuns, plus envahisseurs encore, furent indignement injustes, et que le héros exilé pensa perdre Rome, et ne fut désarmé que par sa propre pitié, dont il mourut. Ce danger à peine fini, le consul Cassius Vibullenus veut se faire roi, appelle à Rome des étrangers, et surtout propose un partage plus juste des terres conquises ; car, dans l'ancienne Rome, quand on y regarde bien, on voit que les meilleures causes étaient bien rarement sans reproche. Quoi qu'il en soit, c'est ce projet de partage des terres *conquises*, connu dès lors sous le nom *de loi agraire*, que les turbulens de tous les pays ont fait semblant de prendre pour le partage égal de toutes les terres ; et ce mot redoutable est le tocsin au bruit duquel on a souvent essayé de soulever les peuples, qui n'ont jamais joui et ne jouiront jamais de ce partage impossible ; mais les chefs populaires ou populaciers, en prêchant ce partage des terres, y ont quelquefois, quand ils n'ont pas été pendus, gagné d'assez belles terres, et beaucoup plus que leur part du partage. Vibullenus est précipité du Capitole ; mais la loi agraire reste comme une pomme de discorde entre le peuple et le sénat. Le sénat avait abusé, le peuple abusa davantage ; car le pire des maîtres, c'est le peuple, ou plutôt les meneurs du peuple, qui en a toujours.

Lisez ces premières annales de la république romaine que Vertot a naïvement appelées *révolutions*, et vous y verrez en effet une suite presque non interrompue de révolutions, c'est-à-dire de luttes et de désordres. Vous trouverez à peine un moment où, pas plus qu'à Athènes et à Sparte, un homme raisonnable voulût aller vivre à Rome ainsi constituée, et condamnée à l'éternité d'une guerre intestine et extérieure.

Ces luttes pour le partage des terres conquises, où le peuple avait un peu raison, les envahissemens des tribuns sur les consuls, où le peuple avait un peu tort, des tentatives de tyrannie, des condamnations, des exils, des accusations tumultueuses, amènent *doucement* la création de décemvirs chargés de rédiger et faire exécuter souverainement un Code de lois long-temps réclamé. A Rome comme ailleurs, le foyer domestique démentait les oracles de la tribune, et tout le monde y était excédé de cet état de choses et de liberté, qui a pourtant passé depuis pour l'âge d'or de la république. On y cherchait un remède, qui se trouva encore pire que le mal.

Les décemvirs, à peine installés, deviennent d'odieux tyrans, qui prodiguent les violences, les peines corporelles, les confiscations; enfin ils font regretter le précédent régime, que l'on rétablit après qu'ils ont été chassés et punis. Avec ce régime se rétablissent bientôt les dissentions,

Les peuples voisins veulent en profiter; les consuls veulent lever des soldats; pour la vingtième fois les tribuns s'y opposent, tandis que l'ennemi ravage les campagnes voisines de Rome. Cependant le peuple consent à combattre; mais au retour, nouveaux débats pour le partage des terres conquises, et aussi pour l'admission des plébéiens au consulat. Le sénat, embarrassé par un nouveau refus de s'enrôler, substitue à des consuls des tribuns militaires. Mais cette fois ils ne font que paraître, et les consuls sont rétablis. Ce n'était pas assez pour la liberté du peuple romain que tant de troubles et tant de gêne. C'est alors qu'on établit cette odieuse institution de la censure, par laquelle deux magistrats avaient et exerçaient le droit de fouiller dans les maisons et les mœurs privées, de se mêler des détails les plus intimes des familles, de noter un consulaire qui avait trop d'argenterie, de punir un patricien du baiser indiscrètement donné par lui à sa femme devant sa fille, enfin de dégrader et de priver du droit de suffrage les plébéiens, et de destituer sans appel et sous le moindre prétexte chevaliers et sénateurs. Voilà dans sa perfection le véritable esclavage! Voilà l'état de choses bien pire que les actes des rois, et même des tyrans qui ne se mêlent pas de troubler la vie domestique et la liberté civile de leurs sujets. Pour moi, je déclare que je préfère au pays où il y aurait des *censeurs* de cette espèce, Constantinople et Ispahan, où il n'y en a pas. La plus mauvaise et la plus cruelle des plaisanteries, c'est d'être enchaîné, vexé au nom de la liberté. Ce qui prouve combien il y a peu de critique sur l'histoire ancienne, et combien on s'est aveuglé sur l'intérieur de ces gouvernemens et sur la liberté individuelle qui en résultait, c'est qu'à ma connaissance pas un de leurs historiens n'a fait une remarque, qui pourtant saute aux yeux, sur cette outre-cuidante tyrannie de la censure romaine.

Il est impossible, en lisant ces annales des premiers siècles de Rome, de n'être pas presque aussi fatigué de tant de désordres et de luttes que l'étaient sans doute les tranquilles citoyens de Rome, qui, certainement là comme ailleurs, formaient la grande masse, tandis que l'histoire, muette sur leurs ennuis et sur leur oppression, n'enregistre, ne vante que les turbulens qui, sur la place publique, exploitaient ou plutôt opprimaient la liberté romaine au profit de leur ambition ou de leur avidité.

Et remarquez que j'écris, non d'après des historiens critiques et paradoxaux, mais d'après les plus grands amis et admirateurs des Romains, entre autres Tite-Live. Quiconque les étudiera sous ce point de vue sera surpris de tout ce qui se montrera à lui. Je crois donner ici une des clefs de l'histoire; et il me semble que l'histoire romaine, dans son plus grand éclat, ressemble à ces palais dont le péristyle magnifique cache souvent de tristes masures et une insupportable habitation.

Je continue ma revue : Spurius Melius, simple chevalier, mais très-riche, veut acheter la royauté, trouve beaucoup de vendeurs, même parmi les tribuns, et n'est tué qu'après un violent tumulte. On n'ose pas rechercher ses complices, de peur de les trouver trop nombreux. Les tribuns, les tribuns vendus peut-être, se plaignent de cette violence et s'opposent à l'élection des consuls. On nomme des tribuns militaires, puis un dictateur, Mamercus Emilius, qui, faute de combats à livrer, requiert et obtient une loi par laquelle sont réduites à un an et demi les cinq années des fonctions de la censure, institution dont, sans doute, on sentait déjà le poids oppresseur. A peine ce dictateur, qui l'était pour la deuxième fois, a-t-il abdiqué, que les censeurs le retranchent de sa tribu, le classent dans la dernière, le privent du droit de suffrages, et octuplent son imposition. Le peuple murmure, menace les censeurs, et est calmé par Mamercus Emilius lui-même, dont la dégradation ne subsiste pas moins, jusqu'à ce qu'après divers troubles et divers combats on soit obligé de nommer dictateur pour la troisième fois le patricien dégradé. Autres dissentions; l'éternel partage des terres est remis en scène. Les tribuns, en criant à la tyrannie du sénat, exercent la leur.

Le sénat réussit à diviser cette noblesse plébéienne qui travaille visiblement pour son compte. Débats au-dedans, combats au-dehors; guerre et siége de Veies; le peuple est excédé de tant de guerres et même de victoires, qui pourtant n'avaient pas encore eu de grands résultats, puisque Veies n'était qu'à six lieues de Rome. Le sénat se décide à solder ses troupes, fondement beaucoup plus réel de la grandeur de Rome que *sa vertu*. Le siége de Veies dure dix ans, pendant lesquels les tribuns du peuple, dans Rome, ne cessent d'accuser, d'inquiéter les tribuns militaires devant Veies, et d'émouvoir le peuple contre le sénat. Enfin, après quelques revers, Camille est nommé dictateur; Veies est prise et pillée; joie du peuple romain, et sa reconnaissance envers Camille; mais bientôt, ayant contrarié quelques vues des tribuns, il est accusé par eux; et, près d'être exilé par le peuple, il s'exile lui-même. Presque immédiatement arrive, en Étrurie, l'irruption des Gaulois (bien entendu d'un des nombreux peuples gaulois); les Fabius sont fort imprudens envers Brennus, chef de ces étrangers; il n'en peut obtenir justice, et marche droit sur Rome. Camille était absent. Au lieu d'un consul ou d'un dictateur, il y avait pour généraux six tribuns militaires : c'était une forme plus républicaine; mais la victoire est essentiellement despotique, et Brennus remporte une victoire complète. Il arrive à Rome, s'en empare, la saccage et la brûle en partie ; l'élite des Romains s'était renfermée dans le Capitole ; mais, heureusement pour eux, Camille n'y était pas. Cet exilé recueille les fugitifs, et obtient quelques succès, tandis que les oies sauvent le Capitole ; il traite avec Brennus, le force à la retraite selon les uns, achète sa retraite selon les autres, mais enfin il sauve Rome. Rome commence à peine à se rétablir qu'elle est forcée de combattre. Bientôt Manlius, qui avait précipité les Gaulois du Capitole, en est précipité lui-même pour avoir voulu se faire roi. Nouvelles guerres contre les voisins de Rome ; à peine sont-elles finies que des querelles intestines se déclarent. Les plébéiens ou plutôt leurs tribuns veulent absolument que le consulat (qu'on pense à rétablir) devienne commun au peuple et au sénat ; les tribuns appuient leur demande d'une nouvelle réclamation encore plus populaire sur le partage des terres conquises, ou du moins ils demandent qu'aucun Romain ne puisse avoir ou garder plus de cinq cents arpens de ces sortes de terre, ce qui au fond paraît assez raisonnable. Ces deux prétentions mettent le feu dans Rome. *La ville*, dit Vertot, *était remplie de tumulte, la discorde régnait partout, les familles mêmes étaient partagées* ; enfin, après de violentes secousses, le peuple obtient un des deux consuls, un nouvel adoucissement pour les dettes, et la loi dite *Licinia* pour le partage de tout ce qui était au-delà de cinq cents arpens. Ce partage fut très-mal fait, et finit par devenir illusoire. Mais ce qui prouve combien ceux mêmes qui l'avaient proposé étaient peu de bonne foi, ce qui prend sur le fait le charlatanisme de toutes ces *républicaneries*, c'est que Licinius lui-même, qui donna son nom à la loi proposée par lui, fut le premier puni pour l'avoir violée, ayant été convaincu de posséder plus de mille arpens de terres conquises, et même d'avoir cherché à les cacher frauduleusement en en mettant la moitié sous le nom de son fils.

Voilà le précis des quatre premiers siècles de Rome, siècles douteux sans doute ; mais les voilà tels que les historiens romains les ont acceptés et même vantés : jugez. Assurément je ne nie, parmi les anciens Romains, ni des héros ni même des vertus individuelles ; mais, d'après ce qu'on voit ici de l'histoire de Rome, d'Athènes et de Sparte, et d'après bien d'autres détails qu'on peut en voir ailleurs, et qui témoignent de désordres de toute espèce, j'adjure les habiles et les hommes de bonne foi de me dire à quelle époque de ces trois républiques *classiques* les antiques vertus y ont péri, à quel moment les antiques mœurs y ont cessé, ou plutôt à quelle époque elles y ont existé, et si, parmi quelques Aristides et quelques Fabricius, il n'y eut pas, dans tous les âges de ces républiques, y compris les premiers, une foule d'hommes rapaces, cruels, débordés, et une corruption presque universelle. Il faut donc réserver l'éloge des mœurs des républiques anciennes, ainsi que de leur félicité, pour les déclamations des rhéteurs et pour l'aveuglement des enthousiastes.

Maintenant que nous en avons fini, j'espère, avec la vertu des vieux Romains, suivons la marche de leurs successeurs, et voyons si, avec bien autrement de gloire, ceux-ci obtinrent plus de bonheur et de liberté.

Après de longues années de guerres continuelles qui pouvaient plaire aux généraux, mais qui assurément excédaient la plus grande partie des soldats, c'est-à-dire le peuple romain, Rome se trouve avoir triomphé de tous ses voisins, qui deviennent alliés ou sujets, et même des Samnites. C'est alors seulement que, dans ces siècles où il n'y avait presque que de petits états, elle commence à compter parmi les grands. La discipline militaire de ce peuple si tumultueux au forum lui donne un immense avantage sur les autres peuples, et une cause plus décisive encore lui assure la supériorité.

J'admire autant que personne l'ouvrage de Montesquieu *sur la grandeur et la décadence des Romains*, chef-d'œuvre que, pour la consolation des auteurs modernes, il faut dire qu'on appela dans sa nouveauté *la Décadence de Montesquieu*. Peut-être, dans ce livre immortel, Montesquieu insiste-t-il un peu trop sur cet esprit de suite qu'auraient eu les premiers jusqu'aux derniers Romains dans le plan de conquérir successivement le monde. Les Romains ne l'eurent pas tant qu'il le dit; ou plutôt tous les peuples possibles, même les plus petits, ont eu, ont et auront la pensée de s'agrandir autant et aussi loin que les circonstances le leur permettront. C'est ce qu'ont fait tous les rois et tous les peuples conquérans; et lorsqu'ils se sont arrêtés, c'est quand ils ont trouvé devant eux des obstacles ou des puissances qui ont balancé la leur; et si, de nos jours, tant d'états restent tranquilles et sont ou se disent sans intention de s'agrandir, c'est que le monde est devenu plus grand, les forces plus égales, les alliances plus multipliées ; et toutes ces causes neutralisent forcément beaucoup d'ambitions. Mais que des occasions favorables se présentent, on voit et l'on a vu si les plus petits états n'en profitent pas comme Rome pour leur agrandissement. L'exemple le plus frappant à cet égard est certainement celui de la petite république de Genève, qui, en 1815, au moment du pillage du grand empire, a eu l'imprudence de solliciter et d'accepter quelques villages de l'ancienne France, et de faire reculer aussi notre dieu Terme. Le moment peut venir où elle aurait un compte sévère à rendre sur cet objet. Pour en revenir à Rome, la grande cause, selon moi, de sa grandeur, c'est qu'à cette époque l'Europe n'était guère composée que de petits états, et que ce fut Rome qui, la première, après beaucoup de combats, forma une masse compacte et, de plus, très-militaire, à laquelle tant de petits états divisés autour d'elle ne purent résister; de sorte que lorsqu'elle eut vaincu et détruit Carthage, seule puissance un peu compacte aussi qu'elle eût rencontrée, elle ne trouva presque partout que les succès faciles du fort contre le faible, et n'eut guère désormais qu'à recueillir la conquête du monde alors civilisé.

Je demande pardon de cette digression, qui, trop courte pour faire perdre de vue mon sujet, peut reposer de la démonstration étendue, mais nécessaire, d'une vérité importante au genre humain, et niée encore ou méconnue par une foule d'esprits même justes, mais inattentifs. Rome, déjà si forte de son territoire et de sa discipline, résiste à de premières disgrâces, et finit par triompher de Pyrrhus, qui, avec toute sa valeur, ne fut jamais que la contrefaçon d'Alexandre. Du moment où l'existence politique de Rome devient si importante, les grandes affaires sont presque toutes à l'armée, et ce vaste intérêt efface les disputes du *forum* et les domine déjà quelquefois; mais, pour n'en pas perdre l'habitude, consuls, tribuns, plébéiens, sénateurs, ne cessent presque pas de lutter, autant que le permettent les vicissitudes des trois guerres dites puniques. La seconde surtout met long-temps, comme on sait, Rome à la veille de sa perte.

Les destinées de Rome se pèsent dans les champs du Tésin, de la Trébie et de Cannes : Rome était perdue, et c'en était fait de toutes les phrases sur ses vertus, si Annibal, ébloui de lui-même, avait profité de ses victoires. Il s'endort à Capoue, et dès lors la fortune militaire de Rome prend un essor qui ne devait s'arrêter qu'avec le monde. Ainsi il est impossible de méconnaître dans toutes ces guerres depuis Regulus jusqu'à Scipion, des hommes et des choses remarquables, une admirable valeur, une audace brillante et, ce qui est plus rare, une constance obstinée contre le malheur, constance que récompensa justement la fortune. L'histoire *militaire* de Rome est assurément la plus belle de toutes ; malheureusement, si le soldat romain est superbe, l'homme romain est horrible, y compris souvent le sénateur et le consul. L'indigne et féroce abus de la victoire le dispute sans cesse à la mauvaise foi dans la lutte. Que penser d'un peuple qui ne respecte pas assez ses plus nobles lauriers, qui ne se repose pas assez dans son propre triomphe pour laisser mourir en paix Annibal exilé et fugitif, et le poursuit dans l'univers jusqu'à ce qu'il ait trouvé un Prusias pour livrer ce grand homme, qui échappe par le poison !

Je reviens à mon principal sujet, et je dois consigner ici un fait très-curieux pour l'histoire de la félicité romaine. Ce ne fut que huit ans

www.ingramcontent.com/pod-product-compliance
Lightning Source LLC
LaVergne TN
LVHW020948090426
835512LV00009B/1769